Anne Stallkamp, Werner Hartung
Rauhnächte

Winterernte

Keck trotzt der Raps
Wintergewitter und Graupel,
der waagerecht
ihn zu mähen trachtet.

Vier Fruchtfolgen
auf ein Jahr, diesmal.
Milde regiert den Dezember
vor der Ernte der Rauhnächte.

Zu kalt der Frühling,
zu trocken Sommer und Herbst.
Kein Landregen tränkte,
was nach Reife sich sehnte.

Greife nach der Frucht nun,
wenn das Licht wiederkehrt.
Dieses Jahr hat dich
hungern und dursten lassen.

Mit dem Vollmond
kommen Kälte und Klarheit.
Wende dein Leben
mit der Bahn der Sonne.

WERNER HARTUNG

Anne Stallkamp, Werner Hartung

RAUHNÄCHTE

Zeit für mich

Bücher haben feste Preise.
5. Auflage 2020
Anne Stallkamp und Werner Hartung
Rauhnächte

Titelseite:
Vorlage: W. A. Bentley und W. J. Humphreys, *Snow Crystals* (1931)
Gestaltung: Dragon Design, GB

Satz und Gestaltung:
Dragon Design, GB
Gesetzt aus der Minion
Illustrationen aus W. A. Bentley und W. J. Humphreys, *Snow Crystals*

Gesamtherstellung:
Appel & Klinger, Schneckenlohe

Printed in Germany

ISBN 978-3-89060-643-9

Neue Erde GmbH
Cecilienstr. 29 · 66111 Saarbrücken
Deutschland · Planet Erde
www.neue-erde.de

MIX
Papier aus verantwortungsvollen Quellen
FSC
www.fsc.org
FSC® C100257

Inhalt

TEIL 1

1. Zeit – Rhythmus des Seins

Beginnen wir mit der Schlüsselfrage: Was ist Zeit?

Zeit ist ohne Rhythmus nicht wahrnehmbar.

Mit Rhythmus bezeichnet man im allgemeinen Sprachgebrauch den Wechsel von Spannung und Entspannung. Man spricht vom Herzrhythmus, vom Rhythmus der Gezeiten, vom Tages- oder Arbeitsrhythmus, aber auch vom Rhythmus eines Gemäldes.

Rhythmus in der Musik ist die zeitliche Gliederung des melodischen Flusses, die sich aus der Abstufung der Tonstärke, der Tondauer und des Tempos ergibt. In der Sprachwissenschaft ist es die Gliederung des Sprachablaufs durch Wechsel von langen und kurzen, betonten und unbetonten Silben, durch Pausen und Sprachmelodie. Rhythmus ist aber auch Gleichmaß, gleichmäßig gegliederte Bewegung, periodischer Wechsel, regelmäßige Wiederkehr. (Duden)

Wie sind denn unsere Zeitrhythmen, was gliedert und rhythmisiert unsere Zeit, macht sie erlebbar?

Ein Atemzug währt drei Sekunden. Jeder Atemzug ist Rhythmus. Zwischen jedem Ein- und Ausatmen liegt eine kleine Pause. Ich kann nicht »voratmen« oder den Atem »nachholen«. Ein Atemzug ist Gegenwart: »Mein Atem ist jetzt.«

Ein Augenblick dauert sechs Sekunden. Der Lidschlag macht das Sehen rhythmisch, ist Atem der Seele.

Eine Stunde bildet die Dauer für eine tiefe Begegnung. Jemandem eine Stunde schenken.

Ein Tag hat 2 x 12 Stunden: Tag und Nacht (3 (Zahl des Himmels) x 4 (Zahl der Erde) = 12 (Zahl der Grundqualitäten der Schöpfung). Die Dämmerungen sind die Übergangszeiten, Schwellenzeiten des Tages. Sie verstärken die geistig-seelische Kraft und die Intuition (Blaue Stunde). Die Tore zur Anderswelt sind geöffnet.

Das entspricht vielen spirituellen Traditionen, in denen die Abende, die Abenddämmerung Zeiten sind, in denen man sich den eigenen Gefühlen und Stimmungen sowie den einwirkenden Kräften besser öffnen kann, als im Tagesbetrieb. Einschlafen und Wachwerden sind ebenso Schwellenzeiten. Übergänge, in denen geistig-seelische Fragen und Antworten nahe sind.

Eine Woche entspricht mit ihren 7 Tagen (3 + 4) einer viertel Mondphase. Die gesamte Menschheit lebt diesen 7er-Rhythmus. Jede Woche wiederholt die Qualitäten der Schöpfungswoche. Die 6 oder der sechsstrahlige Stern entspricht dem vollkommenen Menschen, dem höchsten, was der Mensch erreichen kann (2 x 3 = 6 Tage +1 Tag Schöpfungspause = 7 Wochentage). Mit dem Abend des vorhergehenden Tages beginnt der nachfolgende Tag.

Der Sonnabend ist der Vorabend zum Sonntag. Die Woche prägt den Rhythmus der Seele.

Ein Monat 4 x 7= 28 Tage entspricht einem Mondwechsel: einem Zyklus von Werden und Vergehen.

Ein Jahr hat 4 Jahreszeiten mit je 3 Monaten: 4 x 3 = 12 Monate, unterteilt durch die Sonnenwendezeiten als Hoch-Zeiten und Übergangs- und Schwellenzeiten:

21. März	Frühlings Tag- und Nachtgleiche (Ostara/Alban Eiler, christl. Ostern)
21. Juni	Sommersonnenwende, längster Tag des Jahres, Mittsommer (Litha/Alban Hefyn, christl. 24. Juni Johanni)
21. September	Herbst Tag- und Nachtgleiche (Mabon/Alban Elved, Erntedank, christl. 29. September Michaeli)
21. Dezember	Wintersonnenwende, längste Nacht des Jahres (Yule/Alban Artahn, christl. 24. Dezember Weihnacht)

Die christlichen Festtage sind, wie wir sehen, um drei oder mehr Tage im Verhältnis zu den eigentlichen Hoch-Zeiten versetzt. Das sind die Sonnenfeste, bestimmt vom Sonnenlauf.

Entsprechend diagonal dazu im Jahreskreis liegen die keltischen Mondfeste:

1. - 2. Februar	(kelt. Imbolc, christl. 2. Februar Maria Lichtmess)
30. April - 1. Mai	(Walpurgisnacht, kelt. Beltane)
31. Juli - 1. August	(Schnitterfest, kelt. Lughnasadh)
31. Oktober - 1. November	(kelt. Samhain, christl. 1./2. November Allerseelen/Allerheiligen)

Die zwölf heiligen Nächte oder auch Rauhnächte stellen die zeitliche Differenz dar zwischen dem Sonnen- und dem Mondjahr, es ist die Zeit »zwischen den Jahren«. Es ist die große Pause im Rhythmus des Jahres. Eine einzige große Hoch-Zeit, Schwellen- und Übergangszeit, Zeit innezuhalten (früher mussten alle Räder still stehen) und zugleich eine Zeit der Vorausschau auf das kommende Jahr.

Seit der Erfindung des künstlichen Lichtes (1880), also erst seit etwa 140 Jahren, sind wir nicht mehr an die Rhythmen von Tag und Nacht, von Sonne und Mond gebunden. Gerade die Rhythmen von Sonne und Mond im Jahreslauf, ihre Hoch- und Wendezeiten, sind uns nicht mehr nah.

Auch ist hier bei uns in der westlichen Welt jederzeit alles verfügbar. Wir müssen nicht mehr auf eine gute Ernte hoffen und darum bitten, dass sie uns über den Winter bringt. Um so mehr haben wir die Möglichkeit und sind gefordert, uns dem Geistigen zuzuwenden. Die Frage lautet heute: Trägt mich das geistige Licht, die geistige Ernte auch durch *die* dunkle oder *eine* dunkle Zeit? Dazu bedarf es der Rückbesinnung auf die Kräfte der Schöpfung, nicht nur im Raum, sondern in Raum und Zeit und ihren Hoch-Zeiten.

Mein Atem

In meinen Tiefträumen
weint die Erde
Blut
Sterne lächeln
in meine Augen

Kommen Menschen
mit vielfarbnen Fragen
Geht zu Sokrates
antworte ich

Die Vergangenheit
hat mich gedichtet
ich habe
die Zukunft geerbt

Mein Atem heißt
Jetzt

ROSE AUSLÄNDER*

* Rose Ausländer, Mein Atem. Aus: dies., *Ich höre das Herz des Oleanders. Gedichte 1977-1979*
© S.Fischer Verlag GmbH, Frankfurt am Main 1984

2. Die Bedeutung der Rauhnächte

Die zwölf heiligen Nächte – Große Pause im Jahreslauf

Als »Rauhnächte« (auch *Raunacht* oder *Rauchnacht, zwölf Nächte* oder *Zwölfte* sowie als *Glöckelnächte, Innernächte* oder *Unternächte*) bezeichnet man in unterschiedlichen Traditionen die Nächte zwischen der Wintersonnenwende am 21. Dezember und dem 3. bzw. 6. Januar. Dieser Spanne, in der die Zeit »still steht«, wird in Brauchtum und Mythologie besondere Bedeutung beigemessen. In der Literatur gibt es die unterschiedlichsten Angaben zu Beginn und Ende dieses Zeitraumes. Auch finden wir dort unterschiedlichste Auslegungen über Herkunft, Ursprung, Sitten und Gebräuche. Mit den historischen Überlieferungen möchten wir uns an dieser Stelle nicht weiter beschäftigen.*

Wir haben das Glück, durch Minerva und Werner schon im Dezember 2010 ein Channeling zu einer Rückbesinnung auf ursprüngliche Intentionen und den »rechten« Zeitraum erhalten zu haben:

Channeling von Minerva: Die Rauhnächte

Ich bin Minerva. Verehrt wurde ich in Rom als Göttin des praktischen, handwerklichen Wissens. Doch eine Göttin bin ich nicht, war ich nie. Es gibt doch nur den Einen! Zu den Elohim** gehöre ich und unterstütze Jophiel bei der schönen Aufgabe, euch das Wissen und die Weisheit

---

* Allen daran Interessierten empfehlen wir das Buch von Jeanne Ruhland »Das Geheimnis der Rauhnächte«, Schirner, Darmstadt 2011.

** Die Elohim sind Energiewesen, Intelligenzen mit hoher Kraft, die uns Menschen als Hüterrasse des Planeten Gaia anleiten. Das geschieht individuell hinsichtlich der »Sachgebiete«, die sie jeweils repräsentieren. Darin sind sie den Wirkungsbereichen der 12 Erzengel zugeordnet. Sie verstärken und transformieren deren Energien durch ihre »interdimensionale« Position zwischen Himmel und Erde. Daraus erklärt sich die immense Kraft, die viele Menschen spüren, die Kontakt zu ihnen haben, und daraus die Annahme ableiten, die Elohim stünden »über« den Erzengeln. Außerdem sind die Elohim Hüter bestimmter Teile der irdischen Natur und der Elemente.

Minerva ist mit dem Thema Wissenschaft dem Erzengel Jophiel (Weisheit, Erleuchtung) zuzuordnen.

des Universums zu vermitteln, allerdings sehr praktisch und auf euer Leben bezogen.

Wir Elohim begnügen uns dabei mit dem Wissensanteil, der von dieser Erde stammt, denn wir dienen, wie ihr, Gaia – und euch als ihrer Hüterrasse. Wie schön wäre es, ihr fändet bald Zeit, euch näher mit uns zu befassen, unsere Botschaften aufzunehmen, uns Fragen zu stellen, die wir gern beantworten.

Und wie schön, Werner, dass ich dir Antwort geben darf auf deine Frage, was sich tatsächlich hinter den so genannten Rauhnächten verbirgt. Nun, du fühlst sehr richtig, dass auch hier die Dinge einfacher liegen, als eure Mythologien, Bräuche und Religionen vorgeben. Allzu kompliziert ist es mal wieder, was ihr darüber nachlesen könnt.

Du selbst sprichst gern von der »fünften Jahreszeit« oder, wenn du die Faschingszeit scherzhaft einbeziehst, von der sechsten. Die »Zeit zwischen den Jahren« ist tatsächlich eine fünfte Jahreszeit, ein energetischer Puffer von der Zeitqualität her, dem sonst kein Übergang oder Wendepunkt ähnelt. Erzengel Uriel, dem neben anderen Aufgaben die Steuerung der Zeitqualitäten obliegt, gibt euch in dieser Phase Gelegenheit, euer Empfinden zu schulen und die Botschaften der Zeitfenster erspüren zu lernen.

Nach eurem Kalender beginnt diese Phase in der Nacht vom 21. auf den 22. Dezember und endet mit der Nacht vom 2. auf den 3. Januar, ganz unabhängig davon, was sonst – der Überlieferung nach – an Einflüssen mitwirken mag. Jenes solltet ihr vernachlässigen.

Zutreffend ist allerdings die Auffassung, dass ihr mit diesen zwölf Tagen eine Art »Vorfilm« auf die Qualitäten der nachfolgenden zwölf Monate erhaltet, so wie euch euer Leben vor dem tatsächlichen Eintritt »filmisch« vorab fühlbar wird, um eure Entscheidungen zu festigen. Einige Menschen wissen noch davon, dass sie durch genaue Wetterbeobachtung in den Rauhnächten – dieser Begriff sollte auch die dunklen Tage insgesamt umfassen! – Rückschlüsse ziehen dürfen auf die Wetterentwicklung im Jahresverlauf. Sehr richtig!

Doch ist das keineswegs alles! Wenn ihr innehaltet, hineinfühlt und euch öffnet, empfangt ihr in dieser Zeitspanne wichtigste Botschaften für die kommenden zwölf Monate, könnt euch mental auf die Themen, Zeitqualitäten und Herausforderungen vorbereiten.

Beginnt jeden Tag [Anmerkung: gemeint ist der Vorabend!] *damit, dass ihr euch fragt, was ihr noch nicht verarbeitet, euch selbst oder anderen verziehen habt. Lasst noch einmal die Lehren und Erfahrungen des abgelaufenen Jahres an euch vorüberziehen wie ein eben vergangenes Leben. Denn jedes Jahr ist ein Neuanfang, eine neue Qualität, eine neue Chance eures Wachstums. Nutzt ihr das? Habt ihr euch das schon einmal selbst verdeutlicht? Wo könnt ihr sonst innehalten, euch besinnen, wenn nicht in diesen geheimnisvollen Nächten, in denen sich langsam der Wechsel vollzieht vom Dunkel ins Helle. So, wie jede Nacht euch eine Pause verschafft, bevor ihr den jungen Tag begrüßt, so nutzt die »lange Nacht« dieser zwölf Tage, euch auf ein ganzes Jahr vorzubereiten.*

Atmet durch, schöpft neue Kräfte. Nutzt das Tageslicht zu Spaziergängen, das lange Dunkel zur Meditation, zum Schlaf. Sortiert eure Gedanken und Gefühle, schmiedet Pläne, allein und gemeinsam. Aber seid auch fröhlich, feiert.

Keiner dieser Tage wird dem anderen gleichen, soll er auch nicht. Fühlt euch hinein, dann wisst ihr die Botschaft zu empfangen und zu deuten. Alle helfen euch gern dabei, wir Elohim, die Naturgeister, die Geistige Welt. Haltet inne und schaut, schöpft neue Kraft, bevor ihr mit weitem Schritt und voller Hoffnung das neue Jahr begrüßt.

Seid gegrüßt von uns Elohim,
dies war Minerva

Die Zählweise – Beginn und Ende

Wie schon im Kapitel »Zeit« beschrieben: Mit dem Abend des vorhergehenden Tages beginnt der nachfolgende Tag. Die Rauhnächte beginnen also entsprechend Minervas Hinweisen mit der ersten Rauhnacht am Abend des 21. Dezembers, mit Einbruch der Dämmerung, der Dunkelheit, mit der längsten Nacht des Jahres, die mit der Abenddämmerung des 22. Dezembers in die zweite Rauhnacht übergeht.

Wenn wir genau nachzählen, fällt auf, dass es sich tatsächlich um eine Spanne von 13 Tagen handelt: Die zwölf »Rauhnächte« und die ihnen zugeschriebenen Qualitäten enden mit der 12. Rauhnacht, die am Abend des 1. Januar beginnt, schon mit dem 2. Januar.

Die 13. »Nacht« vom 2. auf den 3. Januar bezeichnet die Schwelle zur Rückkehr des Menschen aus der »angehaltenen« Zeit in den Prozess der Mitschöpfung, der aktiven Mitgestaltung des Lebens, wobei auch an diesem Tag die Zeit noch »still steht«.

Die 13 ist die Zahl Gottes (Drei in Eins und Eins in Drei), seiner Schöpfung im Dreischritt von Gedanke, Wort und Tat. Die Meditation in dieser Nacht dient somit noch einmal der abschließenden Selbstvergewisserung vor dem Schritt zurück in den Alltag.

Vielen unter uns mag gerade der Beginn dieses Zeitraumes mit der Hektik der letzten Vorbereitungen der Weihnachtsfeiertage überaus ungünstig erscheinen, um sich die Zeit zu nehmen, sich selbst zu erspüren. Vielleicht ist das auch der Grund, warum bei vielen anderen der Beginn der Rauhnächte erst am 24. Dezember angegeben und begangen wird. Und dennoch ist gerade diese Zeitspanne überaus günstig dafür. Jeder möge es am Ende bitte halten, wie es für ihn stimmig ist – wir können nur die Empfehlungen der geistigen Welt weitergeben, so wie wir sie bekommen und selbst erspüren.

Die Themen – Rückschau, Vorausschau und Zeitqualitäten des Tages als Selbstfindungsprogramm

Drei wesentliche Bereiche sind es, denen wir unsere Aufmerksamkeit in dieser Zeit widmen dürfen:

Der Zeitraum von zwölf Tagen, den wir als »Rauhnächte« bezeichnen, bietet uns auf der einen Seite Möglichkeiten, in der »Rückschau« Altes abzuschließen. Auf der anderen Seite können wir eine »Vorschau« auf Themen und Ereignisse des kommenden Jahres erhalten – sogar für das Wetter, wobei jede Rauhnacht einem Monat des kommenden Jahres zugeordnet ist.

Weniger geläufig ist, dass die zwölf Nächte/Tage eine eigene Zeitqualität, ein »Thema« haben, das wir für uns in dieser Zeit in besonderer Weise erspüren können und das wie ein Trainingsprogramm der eigenen Selbstvergewisserung dient.

Hier eine Übersicht der zwölf »Rauhnächte in Beziehung zu den Themen des Trainingsprogrammes, den Monaten und den Schwellenzeiten des Jahres für die Rück- und Vorausschau:

Rauhnacht		Thema	Datum	Fest / Schwelle
1	21.12./22.12.	Zeitqualität	Januar	
2	22.12./23.12.	Demut, Hingabe	1. Februar	Imbolc
3	23.12./24.12.	Herzenskraft	21. März	Frühlingstagundnachtgleiche
4	24.12./25.12.	Frieden	30. April	Beltane
5	25.12./26.12.	Vertrauen	1. Mai	
6	26.12./27.12.	Ruhe	21. Juni	Sommersonnenwende
7	27.12./28.12.	Für sich selbst sorgen	31. Juli	Lughnasadh
8	28.12./29.12.	Wahrheit / Klarheit	1. August	
9	29.12./30.12.	Gelassenheit	21. September	Herbsttagundnachtgleiche
10	30.12./31.12.	Neues Leben	31. Oktober	Samhain
11	31./12./01.01.	Sich selbst fühlen	1. November	
12	01.01./02.01.	Kreativ schöpfen	21. Dezember	Wintersonnenwende

3. Rückschau

Rückschau und Altes Loslassen

Eine Rückschau halten wir in dem Bewusstsein, dass mit dem alten Jahr etwas zu Ende geht und mit dem neuen Jahr etwas Neues beginnt, das freudig willkommen geheißen werden möchte. Dabei geht es nicht darum, die Vergangenheit zu glorifizieren oder zu verteufeln oder wehmütig zu werden über das, was vorbei ist. Wesentlich ist die Erkenntnis, dass wir jetzt die Möglichkeit haben und nutzen, jede falsche Entscheidung zu revidieren, jede missglückte Situation zu bereinigen. In der Rückschau können wir vergangene Ereignisse auch mit Hilfe unserer heilerischen Energie oder Reiki, die wir darauf senden, für das Jetzt verändern. Wir lösen so alte Muster, befreien uns aus der Verstrickung und schaffen den Raum für Neues und Erwünschtes und für Heilung.

Persönliche Rückschau in den Rauhnächten

Wie kannst du bei der Rückschau vorgehen?

Vielleicht hältst du eine persönliche Rückschau anhand der Monatszuordnung der Rauhnächte ab, indem du das alte Jahr über diese Zeit monatsweise noch einmal Revue passieren lässt. Besonders die Jahresfeste und Geburtstage werden dir in Erinnerung sein. Vielleicht erinnerst du dich aber auch an andere besondere oder gewöhnliche Ereignisse und Begebenheiten, die nicht so schön waren.

Du kannst auch die Fragen und Rituale zum Tagesthema in die Rückschau einbeziehen und dich fragen: Wie bin ich im gesamten vergangenen Jahr mit dem jeweiligen Tagesthema umgegangen? Was ist mir gut gelungen, was noch nicht so gut? Fragestellungen, die dir dabei behilflich sein können, findest du im 2. Teil.

Beschließe jede Rückschau mit einem kleinen Gebet, in dem du zunächst dir und dann allen anderen verzeihst und anschließend allen und für alles dankst, was dir an Unterstützung zuteil geworden und an Gutem widerfahren ist.

---

4. Vorschau

Jahres-Vorschau und Neues erfühlen

Der Mensch ist und bleibt neugierig. Und bei allem guten Willen, sich mit Gegenwärtigkeit zu begnügen, möchte er doch am liebsten so genau wie möglich wissen, was auf ihn zukommt. Das beginnt mit dem Wetter. Kaum eine Vorhersage haben wir so gut entwickelt, wie die Wettervorhersage. Und dennoch: Wie oft schlägt das Wetter Kapriolen? Am Beispiel des Wetters können wir lernen, dass es wohl möglich ist, Trends vorherzusagen, auch Gewissheiten wie die eines Wirbelsturmes. Aber auch der kann seinen Verlauf ändern oder sogar vorzeitig abflauen, ein sicher bedroht geglaubtes Gebiet verschonen, ein anderes in Mitleidenschaft ziehen.

Auch im Leben des Menschen ist keineswegs alles vorherbestimmt, auch wenn es einen vorgeburtlichen Lebensplan gibt, der karmisch notwendige und selbst gesetzte Lernaufgaben ebenso umfasst wie die keineswegs zufälligen Begegnungen mit bestimmten Menschen.

Gott ist allmächtig. Doch zwingt er uns so wenig zur Planeinhaltung wie den Sturm zur Einhaltung eines Weges. Denn unsere Seelenenergie ist Teil der göttlichen Energie, vom Schöpfer auf Zeit freigesetzt, um im Kleinen mitzuschöpfen, im großen Werk der Schöpfung unsere kleinen Wirklichkeiten zu erschaffen und zu erleben. Unser Seinsrecht besteht darin, aus der Liebe unserer Herzen heraus zu schöpfen und zu handeln. Das aber umfasst die Freiheit, von einem Plan abzuweichen, wenn wir die Dinge anders spüren; und sogar die Freiheit, den Pfad der Liebe zu verlassen.

Weissagungen, Voraus- oder Vorhersagen haben nur sehr begrenzten Wert, wenn sie unter der Maßgabe erwünscht oder gegeben werden, letzte Gewissheit zu erlangen. Im äußersten Fall setzen wir dann eine durch Dritte erlangte, von uns als unzweifelhaft eingestufte Scheingewissheit gegen unterentwickelte oder fehlende Selbstgewissheit. Darin liegen erhebliche Gefahren, beispielsweise Missverständnisse der Astrologie, Hellseherei oder der Möglichkeiten des Channelings.

Wir schicken dies voraus, um dem Vorausschauen den richtigen Stellenwert und eine sinnvolle Funktion zu verleihen. Dinge, die du im Traum oder Wachbewusstsein »siehst«, können eintreffen, müssen es aber nicht. Sie zeigen dir Themen und Ereignisse, für die die Zeit »reif« sein wird – aller Voraussicht nach. Voraussichtliche Todeszeitpunkte anderer Menschen können sich ändern, Ereignisse können ausbleiben oder anders verlaufen. Zu unkalkulierbar sind oft die Beschlüsse und Verhaltensweisen der betroffenen und beteiligten Menschen.

Persönliche Vorausschau in den Rauhnächten

Die Vorausschau lässt sich auf der einen Seite gestalten, indem wir uns unsere Wünsche bewusstmachen, sie niederschreiben und uns bildlich vorstellen, wachträumen.

Wie könntest du verfahren mit dem, was du in den Rauhnächten siehst oder spürst? Ideen und Wünsche für die Zukunft schreibe nieder, male sie oder fertige eine Collage an. Vielleicht magst du ein Rauhnacht-Tagebuch führen?

Wachträume, die sich auf die Zukunft richten, notiere möglichst umgehend, kommentiere sie dann mit den Empfindungen, die mit etwas Abstand dazu aufkommen.

Du kannst hier auch deinen Erkenntnissen und Wünschen in Bezug auf deinen zukünftigen Umgang mit der jeweiligen Tages-Zeitqualität Ausdruck verleihen.

Formuliere eigene Affirmationen, mit denen du in den kommenden Monaten arbeiten kannst.

Auf der anderen Seite sind die Schleier zur Anderswelt licht, die Pforten geöffnet, das heißt, wir haben leichteren Zugang zu unseren unbewussten Wünschen, zu unserem Lebensplan, und können leichter Kontakt mit den uns wohlgesinnten und uns begleitenden Wesenheiten aufnehmen: Naturwesen, Geistführern, Ahnen, Krafttieren. Hier erhalten wir Hinweise, wenn wir uns unseren Nacht-Träumen und unseren Empfindungen öffnen; wenn wir aufmerksam beobachten, wer und was uns in dieser Zeit auf Spaziergängen, in der Natur oder bei der Meditation begegnet.

Schreibe deine Träume auf, soweit du dich daran erinnerst, die Gefühle und Empfindungen, die die Träume begleiten, die Assoziationen und Gedanken, die ein Traum in dir auslöst.

Notiere, was dir begegnet: an Menschen und Situationen, in der Natur bei Spaziergängen, an Pflanzen und Tieren, in Meditationen. Vielleicht machst du Fotos oder malst Bilder?

Mit der »Deutung« der Träume befasse dich dann in Ruhe und mit etwas Abstand. Lasse dir Zeit mit der Bewertung und Deutung der Vorher-Sichten. Sprich in Ruhe mit vertrauten Personen darüber. Verfange dich vor allem nicht in Ängsten.

5. Trainingsprogramm der Rauhnächte

Die Rauhnächte zum Jahreswechsel 2011/12 habe ich (Werner) sehr bewusst durchlebt. Durch die Geistige Welt wurden mir die besonderen Tagesqualitäten erläutert, allerdings erst, nachdem ich sie selbst anhand meiner eigenen Themen erspürt hatte.

Die zwölf Nächte und Tage sind – neben Rück- und Vorschau mit ihrer jeweils spezifischen Zeitqualität, also mit einem ganz eigenen Thema pro Nacht und Tag – ein »Trainingsprogramm« zur Selbstfindung und Selbstvergewisserung, das wir in jedem Jahr neu annehmen können; eine alljährliche Hilfe zur Reflektion im Übergang und zur Transformation, der wir uns hier ausführlich widmen möchten.

Unsere Anleitungen für die zwölf einzelnen »Nächte« bestehen aus einer Beschreibung des jeweiligen Themas und der Tagesqualität, aus Übungen und Schlüsselfragen, die helfen sollen, sich der Aufgabe zu öffnen. Zum Abschluss gibt es eine Anleitung zur Rückkehr in den Alltag in der dreizehnten »Nacht«.

DIE THEMEN UND ZEITQUALITÄTEN DER ZWÖLF RAUHNÄCHTE

1. RAUHNACHT

21./22. Dezember

**Spüre die Qualität der Zeit: den Tages-Rhythmus erspüren,
sich ihm angleichen; die Zeitqualität des Tages erkennen
und nutzen.**

»Alles hat seine Zeit«, so beginnt eine gern zitierte, doch im Alltag
selten beherzigte Bibelstelle des Predigers Salomo*:

*Ein jegliches hat seine Zeit, und alles Vorhaben unter dem Himmel
    hat seine Stunde:
geboren werden hat seine Zeit, sterben hat seine Zeit;
pflanzen hat seine Zeit, ausreißen, was gepflanzt ist, hat seine Zeit;
töten hat seine Zeit, heilen hat seine Zeit; abbrechen hat seine Zeit,
    bauen hat seine Zeit;
weinen hat seine Zeit, lachen hat seine Zeit; klagen hat seine Zeit,
    tanzen hat seine Zeit;*

* Prediger 3, zitiert nach der Übersetzung Martin Luthers

Steine wegwerfen hat seine Zeit, Steine sammeln hat seine Zeit;
herzen hat seine Zeit, aufhören zu herzen hat seine Zeit;
suchen hat seine Zeit, verlieren hat seine Zeit; behalten hat seine Zeit,
wegwerfen hat seine Zeit;
zerreißen hat seine Zeit, zunähen hat seine Zeit; schweigen hat seine
Zeit, reden hat seine Zeit;
lieben hat seine Zeit, hassen hat seine Zeit; Streit hat seine Zeit, Friede
hat seine Zeit.
Man mühe sich ab, wie man will, so hat man keinen Gewinn davon.
Ich sah die Arbeit, die Gott den Menschen gegeben hat, dass sie sich
damit plagen.
Er hat alles schön gemacht zu seiner Zeit, auch hat er die Ewigkeit
in ihr Herz gelegt; nur dass der Mensch nicht ergründen kann das
Werk, das Gott tut, weder Anfang noch Ende.

Gemeint ist also nicht die Tageszeit, nicht unser Terminkalender.
Hier geht es um die Qualitäten der Zeit, um dasjenige, was an der Zeit
ist, wofür die Zeit »reif« ist. Und es geht darum, das Gespür genau dafür zu entwickeln, zu üben, im Alltag zu spüren, ob die Schwingung
der Zeit für ein bestimmtes Vorhaben günstig ist oder eben nicht.

Viele Menschen benutzen dafür Hilfen wie Horoskope, Karten,
Pendel oder Ruten. Einfacher wäre es, sich der Intuition zu fügen oder
das Gespür, den ersten Impuls, zuzulassen.

Übe dich in jeder der kommenden Rauhnächte darin, zunächst die
Tagesqualität zu erspüren und deine Schlussfolgerungen daraus zu
ziehen. Dazu lasse den Kopf aus dem Spiel. Lege deine Hände auf
das Herzchakra, spüre einen Moment deine Energie, dich selbst –
unbeeinflusst durch quälende Gedanken oder Ängste. Stelle dir einige
Fragen und erspüre die Antworten deines Herzens.

Freilich, es ist nicht leicht, diese ungewohnte Übung ausgerechnet
im vorweihnachtlichen Trubel vorzunehmen. Doch gerade das schult dich
darin, auch unter Druck dich selbst und die Zeitqualität zu erspüren.

Wie das Bibelzitat besagt, geht es keineswegs nur um Tagesqualitäten, sondern vor allem um Zeiträume, um Zeitspannen – kurzum:

»Zeitfenster«, die für bestimmte Vorhaben günstig oder ungünstig sind. Liegt zum Beispiel Bewegung »in der Luft«? Oder eher Stillstand, Blokkade? Im ersten Fall bewege dich selbst, im zweiten Fall fasse dich in Geduld, warte, bis die Schwingung günstig scheint, etwas zu beginnen. Erwarte nichts in dieser Zeit, wenn es offenkundig die »Unzeit« ist. Die Tagesthemen sind von nun an immer Ausdruck einer Zeitqualität, eines Themenfensters, das du nutzen kannst. Auch in deinem Leben gibt es spezielle Zeitfenster, bezogen auf einen groben Lebensplan, den du selbst vor Beginn dieser Inkarnation mit beschlossen hast! Nutze diesen Tag und die folgenden »Rauhnächte«, um zu erspüren, ob du »auf Kurs« bist. Denn: »Erlaubt« ist, was dein Herz begehrt, was sich dort »richtig« anfühlt.

Das aber ist keine Aufgabe nur für diesen Tag allein, sondern für die folgenden und ihre Themen. Der Auftakt am 21.12. möge dich sensibilisieren für die Qualitäten in der Raumzeit, dem Raum-Zeit-Kontinuum deines Lebens.

Der Text des Predigers Salomo zur Zeitqualität endet:

Da merkte ich, dass es nichts Besseres dabei gibt als fröhlich sein und sich gütlich tun in seinem Leben.
Denn ein Mensch, der da isst und trinkt und hat guten Mut bei all seinem Mühen, das ist eine Gabe Gottes.
Ich merkte, dass alles, was Gott tut, das besteht für ewig; man kann nichts dazutun noch wegtun. Das alles tut Gott, dass man sich vor ihm fürchten soll.
Was geschieht, das ist schon längst gewesen, und was sein wird, ist auch schon längst gewesen; und Gott holt wieder hervor, was vergangen ist.

Sein ist Gegenwart. Vergangenheit mag uns prägen, Zukunft uns ängstigen oder Projektion unserer Hoffnung und Wünsche sein. Die Schöpfung und das Leben erfahren und genießen wir stets nur im Gegenwärtig-Sein. Ohne Gegenwarts-Bezogenheit gibt es keinen Lebensgenuss. Und nichts sollte in der kurzen Spanne des Augenblicks so drückend sein, dass es uns davon abhält, ihn bewusst zu erleben.

Alles, was uns ängstigt und bedrückt, ist Ausdruck des in unserer Erinnerung verengten Gestern und in unserem selbstbegrenzten Blick nach vorn.

Alles hat seine Zeit in unzähligen Augenblicken – auch der Genuss. Lasse ihn dir nie nehmen, sondern nimm ihn dir. Mache dir immer wieder bewusst, mit welchem Reichtum du gesegnet bist, was dir geschenkt ist an Erleben göttlicher Liebe und Kraft, auch dann, wenn die Zeiten »dunkel« erscheinen. Nimmst du das alles an? Vorbehaltlos? Geschenke werden gemacht zum »Nießbrauch« – zum Gebrauchen und zum Genießen.

2. RAUHNACHT

22./23. Dezember

Demut und Hingabe

Alles hat seine Zeit und kommt zu seiner Zeit – bezogen auf dich selbst, deine Bereitschaft vorausgesetzt. Sich-Einlassen, Hingabe, Einverstanden-Sein – diese Begriffe umschreiben die Grundhaltung, die du unter der heutigen Tagesqualität vorzugsweise einüben kannst. Viele fühlen sich von Gott und der Welt missverstanden und misshandelt, hadern mit dem Schicksal, das sie als ungerecht empfinden. Sie weisen den Gedanken weit von sich, selbst eine Verantwortung für ihre Situation, ihren Zustand zu tragen. Hilfe fordern sie von allen ein, nur eigene Schritte unternehmen sie ungern, bestenfalls »halbherzig«.

Demut ist alles andere als Unterwürfigkeit und Unfreiheit, auch wenn viele Definitionen eher an unterwürfiges Verhalten erinnern. Die althochdeutsche Begriffswurzel »diomuoti« (dienstwillig) meint schon die Gesinnung eines Dienenden. Im religiösen Sinne geht es um die Haltung des Menschen zum Schöpfer, um das Hinnehmen der Gegebenheiten der Schöpfung. Die Gegebenheiten der Schöpfung aber sind unabänderlich. Es ergibt keinen Sinn und verspricht keinerlei Erfolg, gegen sie zu rebellieren. Wozu auch? Denn: Wenn der Wesenskern der Schöpfung der ist, aus der Kraft der Liebe das Leben zu gestalten – worin sollte dann Unfreiheit bestehen? Ist (die göttliche) Liebe eine Begrenzung? Göttliche Liebe umfasst sogar das Menschenrecht, sich von der Liebe loszusagen. Viele tun eben dies, bewusst oder unbewusst. Liebe zur Schöpfung und zum »Nächsten« bedingt, sich selbst zu lieben. Und eben dies scheint vielen Menschen nicht nur schwierig, sondern gar unmöglich und verboten.

Demut ist »In-der-Liebe-Sein«. Das bedeutet, aus eigener Herzenskraft zu schöpfen, zu gestalten. Das übe in der Tagesqualität des 23.12. Tue es »hingebungsvoll«, das heißt, lasse dich innerlich »berühren« von der Aufgabe, die dir gestellt ist oder die du dir stellst. »Hingabe« bedeutet »Gottergebenheit«. Geben, was nicht deines ist. »Gib ab«, erleichtere dich. Trage nicht, was du nicht tragen sollst und magst, verantworte nicht, was nicht in deiner Verantwortung liegt, kontrolliere nicht, was du ohnehin nicht lenken kannst. So wird es dir »leicht ums Herz«, um Leidenschaft und Freude für alles zu entwickeln, was wirklich in dir liegt. Hingebung ist der Schlüssel, zu werden, die/der du bist.

3. RAUHNACHT

23./24. Dezember

Entdecke deine Herzenskraft

Leben heißt handeln, und zu handeln fordert Entscheidungen. Entscheidungen machen oft Angst. Wir möchten uns oft nicht entscheiden. Doch was geschieht, wenn du »dein Schwert« nicht ziehst? Wenn du nicht ent-scheidest, nicht in deine Kraft gehst? Etwas anderes oder ein anderer tut es irgendwann für dich und bestimmt damit dein Schicksal. So gesehen, ist vieles, das dir widerfährt, eine Folge deines Beschlusses, passiv zu bleiben. Du kannst also nicht wirklich eine Nicht-Entscheidung treffen.

Entscheide aus dem Herzen. Begegne deinem Herzen in einer Meditation.

Mache es dir bequem, gleich ob du sitzen oder liegen magst.
Bewege – bei den Füßen beginnend – alle deine Glieder und Muskeln.
Spanne alle bewusst einmal kurz an, auch deine Gesichtsmuskulatur.

Fülle deinen Körper mit Sauerstoff, so wie er es oft im Reflex tut: Gähne mehrmals bewusst.

Atme ruhig, aber erzwinge keinen besonderen Atemrhythmus. Wenn es dir keine Probleme bereitet, bevorzuge Bauchatmung.

Richte deine Aufmerksamkeit auf deine Füße. Stelle dir vor, sie schlügen Wurzeln in die Erde, so dass du fest in ihr verwurzelt bist. Atme die Kraft der Erde durch diese Wurzeln hinauf in deine Beine, bis hin zum Wurzelchakra. Lasse ihre Energien dort in den Energiekanal in deiner Wirbelsäule eintreten und weiter bis in dein Herzchakra hinaufsteigen.

Dann richte deine Aufmerksamkeit auf dein Kronenchakra und spüre, wie dort die kosmischen Kräfte in dich einströmen, hinab bis ins Herzchakra.

Fühle dich in dein Herzchakra hinein und erspüre die vereinigte Kraft und Wirkung der Energien der Erde und des Kosmos. Du bist ein Wesen des Himmelsvaters und der Erdenmutter zugleich und spürst das nur hier, wo sich ihre Impulse in dir vereinen und dein Leben ermöglichen.

Hier in deiner Mitte ergründe den Willen deiner Seele. Nur hier kannst du ermessen, wie dein Herz fühlt. Stelle dir nur eine einzige Frage und erspüre die Antwort. Krampft dein Herz – oder hüpft es? Fühlt sich ein Vorhaben hier gut oder bedrückend an?

Wenn der Kopf die Herzensgefühle zu dominieren droht oder Emotionen aus dem Bauchraum dich bedrücken, dann gib dich noch einmal bewusst in die Energie des Herzchakras und sende sie mit jedem Atemzug weiter in deinen Körper hinein, bis er ganz von Herzensliebe durchdrungen ist.

Lass die Kraft deines Herzens alles überstrahlen und in seinem Licht lösen, was an Ängsten, Sorgen, Furcht, Zorn, Eifersucht, Trauer und anderen Emotionen in dir aufsteigt.

»Bade« deinen Körper im Feuer deines Herzens, begegne allen und allem aus dieser Kraftquelle. Tue das immer wieder, so oft du meinst, den Kontakt zu deinem Herzen verloren zu haben. Eines Tages wirst du gewahr werden, dass du dein Herz (geworden) bist.

4. RAUHNACHT

24./25. Dezember

Frieden finden

Unsere »Weihnacht« nennen wir auch das »Fest der Liebe«. Was wir uns dazu wünschen, ist Friede als wesentlichen Ausdruck der Liebe. So passen Tagesqualität und Festtradition zusammen.

Friede ist: Selbstgewissheit, Selbsterkennen, in die Mitte gehen, Einverstanden-Sein; wenn wir Frieden mit uns selbst, den Mitmenschen, der Natur und dem Universum schließen; wenn wir den Weg annehmen.

Friede ist vielschichtig. Er beginnt mit dir selbst. Bist du im Frieden mit dir selbst? Im Ein-Klang mit dir?

Neben dem »inneren« Frieden ist Frieden eine soziale, ja universelle Aufgabe, die du über einen spirituellen Weg erfassen und bewältigen kannst. Erfassen kannst du die Dimensionen des Friedens aus den Schriften der Essener.

Die Essener (Betonung auf dem zweiten »e«) bildeten einen geheimen Konvent zum Praktizieren und zur Überlieferung des Wissens, das nach dem Untergang von Atlantis nach Ägypten gebracht wurde. Die Gründung dieser Vereinigung von Männern und Frauen erfolgte etwa 6700 v. Chr. Erst 111 n. Chr. wurden die letzten Siedlungen der Essener (unter anderem das 1211 v. Chr. gegründete Kumran am Toten Meer) unter dem Druck der Römer und des Christentums aufgerieben. Die Essener stellten eine esoterische Tradition dar und befanden sich im bewussten Gegensatz zum letztlich immer wieder gescheiterten Versuch, atlantische Kultur durch das offizielle Pharaonen- und Priestertum zu erhalten. Zum Kern ihrer Lehre gehörte der »Siebenfältige Friede«.

Siebenfältiger Friede*

1. *Friede mit dem (physischen) Körper:*
   Als Teil der »Erdenmutter« ist unser »feststofflicher« Körper der manifestierte Rahmen unserer Entwicklung in dieser Inkarnation. Hier geht es um die Beherrschung des Körpers, seine Gesundheit bzw. Gesundung durch Atmung.

2. *Friede mit dem Geist:*
   Wir sind Schöpfer des Gedankens, der unser Handeln bestimmt: Der Gedankenkörper des Einzelnen steht in Wechselwirkung mit dem irdischen Gedankenkörper und dem kosmischen Gedankenmeer (= Vollkommenheit des Gesetzes). Ziel: Handeln im Einklang mit dem Gesetz als Voraussetzung zur Heilung aller Körper (Auraschichten) von Disharmonie.

3. *Friede mit der Familie:*
   Menschen in der Umgebung, auf die sich unsere Nächstenliebe richtet. Das bezieht sich nicht nur im engeren Sinne auf den Familienkreis, sondern auf den Kreis all derer, die uns im Leben oder einem Lebensabschnitt tatsächlich nahestehen.

4. *Friede mit der Menschheit:*
   Er umfasst sozialen und wirtschaftlichen Frieden, Abstand von chaotischen Umständen und ein praktiziertes soziales System auf der

---

* Zitiert nach »Die Lehren der Essener« und »Essener Meditationen« von Dr. E. Bordeaux Székely, Neue Erde, Saarbrücken 2002.

Grundlage der Gesetze von Natur und Kosmos sowie die Vermitt-lung der Ideen an die Außenwelt (Lehren, Heilen, Helfen).

5. *Friede mit der Kultur:*
   Auseinandersetzung mit großen Werken der Weisheit (Kultivierung der Natur, Wissenschaft, Literatur, Kunst) als Ausdruck menschli-cher Mitschöpfung, positive Auswirkung auf Schwingung der Gedan-kenströme (morphische Resonanz).

6. *Friede mit dem Reich der Mutter Erde:*
   Fundament des Bestehens des Menschen auf dem Planeten.

7. *Friede mit dem Reich des Himmlischen Vaters:*
   Innere, intuitive Erkenntnis des Gesetzes als Summe aller Liebe, allen Wissens, aller Macht. Überwinden der selbst auferlegten Begrenzung durch das Denk-Zentrum, Rückkehr zu Gott.

Was bedeutet dieser siebenfältige Friede jetzt konkret für uns? Folgende Fragen sind da vielleicht hilfreich:

Körper

Bin ich im Frieden mit meinem Körper? Liebe und akzeptiere ich ihn, so wie er ist, oder fühle ich mich zu dick, zu dünn, zu hässlich, zu ungeschickt und so weiter?

Affirmation: *Ich liebe und umarme heute meinen Körper. Ich danke ihm, dass er mir das Leben ermöglicht, dass er meistens reibungslos funktioniert, dass er mir zahlreich und zuverlässig Hinweise gibt, wenn ich den Weg der Liebe verlasse. Ich lobe ihn, ich kann ihm viel zumu-ten: Er ist belastbar, widerstandsfähig und stark, sensibel und zart. Er bereitet mir vielfältige Freuden, er ermöglicht mir zu leben, hier in der Materie zu sein – ich liebe ihn.*

Geist

Bin ich im Frieden mit meinem Geist, meinen Gedanken? Habe ich die Kontrolle über meine Gedanken, oder verselbständigen sie sich

---

und lasse ich zu, dass sie sich gegen mich richten, gegen mein Herz, dagegen, dass es mir gut geht hier im Leben?
Affirmation: *Ich bin Herr über meine Gedanken. Erst spüre ich mein Herz, die Gedanken ordnen sich den Herzenswünschen unter. Ich zügele heute meine Gedanken, lasse sie nicht wild umherschweifen. Ich beruhige meine Gedanken, bette sie sanft zur Ruhe...*

Familie

Bin ich im Frieden mit meiner Familie: meinen Eltern, meinen Kindern, meinem Mann, meiner Verwandtschaft, meiner Wahlfamilie, meinen Kollegen, meinen Freunden?
Ritual: *Ich beginne meinen Tag mit guten Gedanken und Wünschen an diejenigen Menschen, denen ich mich in meiner jetzigen Lebensphase wirklich innerlich nahe fühle. Ich visualisiere diesen Kreis, ausgehend von den Menschen in meiner unmittelbaren Umgebung (Kinder, Partner), dann Eltern und Freunde, Kollegen. Ich sende ihnen als Gruppe oder auch nacheinander einzeln Energie, verbunden mit meinen guten Wünschen für den Tag, die Woche oder ein bestimmtes Vorhaben oder Ereignis. Wenn ich gerade Probleme mit einem dieser Menschen habe, nehme ich energetisch Kontakt zu ihm auf, erkläre ihm in Gedanken, was ich fühle – auch wenn es Wut oder Trauer ist; verzeihe ihm und bitte ihn um Verzeihung und Verständnis. Wenn ich mich in diesem Zusammenhang an eine unschöne Situation erinnere, sende ich Energie in die Raumzeit dieses Erlebnisses mit der Bitte, sie möge allen Beteiligten gut tun.*

Menschheit

Bin ich im Frieden mit den Menschen, die mir begegnen, an der Haustür, beim Einkaufen, auf der Straße, in der Straßenbahn, im Verkehr, am Telefon, im Beruf?
Affirmation: *Ich verzeihe mir selbst Situationen, in denen ich unfreundlich, grob oder abweisend zu anderen Menschen gewesen bin. Sie mögen es mir verzeihen. Ich nehme mir vor, heute nicht vorschnell*

oder gereizt zu reagieren, wenn es zu Reibereien oder Konfrontationen kommt. Ich werde tief atmen, unangenehme Gefühle im Atem lösen, ruhig bleiben und dennoch klar zum Ausdruck bringen, was mich stört oder was ich wünsche.

Kultur

Bin ich im Frieden mit den Dingen, die mich umgeben, meiner Kleidung, mit meiner Wohnung, den Dingen in meiner Wohnung, meinem Lebens-Ort und Umfeld, mit der gestalteten und gebauten Welt, die mich umgibt?

Ritual: *Ich spüre in alles hinein, was mich an den wichtigen Orten umgibt: Wohn-, Schlaf- und Arbeitsbereich, Garten, Lieblingswege und so weiter. Ich versöhne mich mit den Dingen, Gegenständen, Räumen, Gegebenheiten und Orten, die ich nicht ändern kann. Ich trenne mich von Dingen, die ich nicht brauche und die mir nicht guttun. Wenn etwas unabänderlich ist, dann gebe ich drei bis vier Minuten Energie auf Gegenstände oder einen bestimmten Raum.*

Mutter Erde

Bin ich im Frieden mit der Mutter Erde und ihren Wesenheiten, der Natur? Achte und schätze ich das, was die Erde mir an Speisen und Getränken sowie an Rohstoffen gibt?

Gebet:*

Die Mutter Erde und ich sind eins.

Sie gibt meinem Körper die Nahrung des Lebens.

Die Kraft des Erdbodens

durchströmt und belebt meinen Körper.

Die Sonne gibt ihm das Feuer des Lebens,

das Wasser lässt mein Blut strömen.

Die Luft lässt mich den Strom des Lebens atmen.

Ich erfreue mich des Spiels der Elemente.

Sie geben Kraft und Schönheit allem,

was unter dem Himmel weilt.

* Formuliert nach den Essener-Kommunionen

Himmlischer Vater

Bin ich im Frieden mit dem himmlischen Vater, der geistigen Welt und ihren Wesenheiten? Habe ich das Vertrauen, dass er und sie mich zu meinem Besten geleiten, dass alles, was geschieht, gut ist? Dass ich geliebt bin, nie vergessen werde? Oder hadere ich mit dem Werk des Schöpfers, indem ich auch mich selbst nicht schätze, mir und damit ihm als meinem Schöpfer nicht traue und vertraue? Kann ich meinen Weg, mein Schicksal vorbehaltlos annehmen oder fühle ich mich immer wieder hin- und hergerissen?

Gebet:*

Der Himmlische Vater und ich sind eins.

Er gab mir das ewige Leben und

meine schöpferische Kraft.

Sie möge Freude bereiten und Fülle geben,

mir und denen, die um mich sind,

sein Wille leite meine Taten.

Seine Liebe reinige meinen Gefühlskörper,

seine Weisheit erleuchte meine Gedanken.

Friede sei mit mir und auf Erden.

* Formuliert nach den Essener-Kommunionen

5. RAUHNACHT

25./26. Dezember

Ins Vertrauen gehen

Vertrauen gehört sprachgeschichtlich zu der Wortgruppe »treu« mit der Bedeutung »stark«, »fest«. Stärke und Festigkeit sind Ausdruck von Vertrauen – etwa in die Richtigkeit und Wahrheit eines Glaubens, einer Überzeugung. Geht es um eigene Fähigkeiten und Möglichkeiten, sprechen wir von Selbstvertrauen. Ein Gegensatz ist das nicht, sondern ein Wechselverhältnis. Wer sich selbst miss-traut, misstraut auch anderen und anderem, lässt sich nicht auf das Leben ein, geht nicht in seine Kraft, büßt Stärke ein.

Vertrauen beruht auf Selbstgewissheit und Selbstsicherheit; auf der Gewissheit, dass der umfassende Friede des Herzens uns im Leben trägt und uns die Herausforderungen bestehen und mitgestalten lässt.

Unsere Seelen sind Anteile der göttlichen Energie, wir sind mit unserem göttlichen Kern von Gott. Sein Feuer nährt uns aus der Energie unserer Seele. Zugleich sind wir Kinder der Erde, die uns unseren Körper leiht und uns nährt. Die Energien beider begegnen und durchmischen sich in unserem Herzchakra. Nur dort fühlen wir uns selbst, unbeeinträchtigt durch Emotionen und Gedanken.

Vertraue: Übe dich in der Gewissheit, dass diese Erde dich liebt und nährt, dass du dich fallenlassen kannst in den Schoß der »Erdenmutter«; und dass du dich der Führung des »Himmelsvaters« hingeben kannst.

Gehe in die Meditation. Stelle dir einen Baum vor, wie es die Essener taten. Sei dieser Baum. Nimm mit deinen Wurzeln die Kräfte der Erde auf, mit deinen Ästen die Energien des Universums. Lass dich durchfluten und tragen vom Zusammenspiel der Schöpfungskräfte.

Wenn alles aus und von Gott ist und auch wir den göttlichen Kern in uns tragen, dann gibt es keinen Unterschied zwischen Selbstvertrauen und Gottvertrauen.

Wenn dein Körper aus der Erde geformt ist und die Erde dich nährt, dann gibt es keinen Unterschied zwischen Selbstvertrauen und Erdung.

6. RAUHNACHT

26./27. Dezember

Ruhe finden

Wenn ein Mensch ruht, so ist das keine Tätigkeit. Auch Schlaf, der biologische Ruhezustand, ist kein bewusstes Handeln, haben wir erst einmal beschlossen, uns in ihn fallen zu lassen. Tätigkeiten anderer Menschen können unsere Ruhe stören, etwa durch Lärm. Wir selbst können uns hindern, Ruhe zu finden; dann nämlich, wenn wir keine Ruhe *in uns* finden. Ruhe ist also ein Zustand, eine Gabe. Ruhe zu finden eine Auf-Gabe, die wir lösen mögen, bevor wir zur »letzten Ruhe« gebettet werden. Innere Ruhe mag durch äußere Ruhe begünstigt werden, doch kein Ruhe-Sitz garantiert uns Ruhe im Gemüt.

Selbstgewissheit und Selbstvertrauen sind Meilensteine auf dem Weg zur inneren Ruhe.

Das Sein zulassen: Wir müssen nichts leisten, um uns selbst zu lieben und die Liebe Gottes zu gewinnen. Selbstgewissheit, In-Sich-Ruhen im Alltag. Den eigenen Rhythmus spüren und halten, aus ihm heraus leben und gestalten, auch in der Irritation und bei Ausnahmen von der Regel.

> Ruhe ist nicht gleichbedeutend mit Interessen- und Teilnahmslosigkeit. Vielmehr ist Ruhe Voraussetzung, dich kreativ in die Gemeinschaft einzubringen. Vielleicht spürst du in dir eine »schöpferische Unruhe«? Das schadet nicht, solange sie der Lust am Gestalten entspringt, der Freude, dich in Netzwerke und Projekte einzubringen. Doch lass dich nie treiben, fühle dich nicht getrieben. Sei nicht ständig unzufrieden, be- oder verurteile dich nicht selbst. Setze dir deine Ziele so, dass du sie in deinem Rhythmus gut erreichen kannst.
>
> Denke immer daran: Du musst nichts leisten! Niemand hat das Recht, »alles« von dir zu verlangen. Tue es auch selbst nicht. Ruhe sei die Quelle, aus der du schöpfst!

Die Quelle

Bewegt nur
im Sediment
sandkornweise
Kein Strudel hebt
blütenbespanntes
Membran
Herzensgleicher
Friede.

Und doch:
hinter dem
Schilfreifen
gurgelt über
gelegtes Gras,
was an Kraft
aus Ruhe quillt.

WERNER HARTUNG

7. RAUHNACHT

27./28. Dezember

Für sich selbst sorgen

Sich selbst lieben lernen, im Einklang und Frieden mit sich selbst sein – das war schon das Thema des 24. Dezembers.

Liebe deinen Nächsten wie dich selbst – das heißt doch in der Umkehrung: Wie kommst du zu der Überzeugung, anderen Menschen etwas geben zu können, das du dir selbst nicht gönnst, dir verweigerst? Echte Nächstenliebe setzt die Selbstliebe voraus. Sie ist geradezu ihre Bedingung, sie ist erlaubt; sie ist kein Egoismus und auch kein »gesunder« Egoismus. Denn für Liebe – auch die zu dir selbst – musst du dich nicht entschuldigen!

Betrachte einmal deinen Tagesablauf: Sorgst du dich um andere Menschen oder umsorgst du sie ständig? Räumst du dir genug Zeit für dich selbst ein, auch wenn dir die Fürsorge für Kinder oder Partner obliegt?

Umgekehrt: Nimmst du gern von allen und allem, ohne zu überlegen, ob du eine bestimmte Sache nicht auch selbst, allein bewältigen könn-

---

test? Ob du selbst über genügend Kraft und Willen dazu verfügst? Erwarte nicht vom Nächsten, dass er dir gibt, was nur du selbst dir geben kannst. In diesem Sinne sorge für dich selbst, gönne dir Gutes, verwöhne dich selbst. Entdecke deine Sehnsüchte, Träume, Phantasien, Wünsche, Visionen und Ideen. Du hast es verdient, dass es dir gutgehen darf. Richte deine Gedanken auf das, was dein Herz hüpfen lässt. Die Energien werden deinen Wünschen folgen!

8. RAUHNACHT

28./29. Dezember

Wahrheit und Klarheit

Einen Menschen recht zu verstehen, müsste man zuweilen der nämliche Mensch sein, den man verstehen will. Wer versteht, was ein Gedankensystem ist, wird mir Beifall geben.

Diese Erkenntnis, die der Philosoph und Experimentalphysiker Georg Christoph Lichtenberg (1742 - 1799) in seinen »Sudelbüchern« notierte, macht deutlich, wie schwer es ist, sich über Wahrheiten und Wirklichkeiten zu verständigen, sogar, zunächst einmal, sich seiner eigenen »Wahrheit« bewusst zu sein.

Dieses Universum mag nach Gesetzen funktionieren, die uns unabänderlich erscheinen, die wir als die Wahrheit oder die Wirklichkeit anerkennen. Doch auch unser physikalisch-technisches Weltbild ändert sich fortwährend. Was bleibt, sind von Menschen geschaffene Modelle, Abbildungen dessen, was ist. In diesem Sinne ist es schwer, vielleicht unmöglich und auch nicht erforderlich, sich ein Bild vom Schöpfer und seiner Schöpfung zu machen. Und so gesehen gibt es

Wirklichkeiten, aber nicht *die* Wirklichkeit, Wahrheiten, aber nicht *die* Wahrheit.

Wenn es ein allgemeines Gesetz gibt, nämlich das der Liebe, dann beinhaltet dieses auch dein Recht, dir deine Wirklichkeit zu schaffen und sie zu leben. Wahrheit ist also immer *deine* Wahrheit, *deine* Sicht der Wirklichkeit, *dein* Modell, *dein* Plan, *dein* Tun. Wahrheit ist, was *deinen* Herzenswünschen entspringt und entspricht. Das aber erfordert Klarheit: zuallererst bei dir selbst, um die Dinge aus deiner Warte, aus der Liebe zu dir selbst klar zu sehen, ohne Illusionen und fremde Glaubenssätze, ohne Ängste.

Und so gilt die Umkehrung deines existentiellen Grundrechts:

Wahrheit wird nur Wirklichkeit, wo du in Klarheit erkennst und handelst. Denn Liebe ist nur, wo Klarheit waltet. In diesem Sinne schaffe für dich Klarheit über deine Ziele und deinen Weg.

Klarheit vermag dich vielleicht zu erschrecken, zu ernüchtern, sobald du sie gewinnst. Aber sie ist eben ein Gewinn. Klarheit mag andere Menschen zunächst verstören, wenn du sie endlich äußerst und walten lässt. Finde den Mut, sie dennoch zu artikulieren. Fühle hinein, welche Konsequenzen deine Wahrheit für dich und andere nach sich zieht. Was willst du wann ändern? Mit wem solltest du reden, was tun, um Klarheit auch im Außen zu schaffen?

9. RAUHNACHT

29./30. Dezember

Gelassenheit

Und Henoch wandelte mit Gott; und er war nicht mehr, denn Gott nahm ihn hinweg. (1. Mose 5, 21-24)
   Diese Zeile beschreibt Henochs Aufstieg. Auferstehung oder Aufstieg bedeutet, den Reigen seiner Inkarnationen auf dieser Ebene abzuschließen; Rückkehr zunächst in die geistigen Ebenen, erst später die Vereinigung mit dem Ursprung, mit Gott. Das ist das Ziel aller Seelen. Voraussetzung ist die Gabe, »mit Gott zu wandeln«, das heißt, alles zu wünschen, zuzulassen und umzusetzen, was das Herz begehrt.

> Freiheit ist die Freiheit deines Herzens. Nimm sie dir. Jetzt und zu jeder Zeit. Gönne dir dein Glück.
>   Selbst-Gewissheit, innerer Friede und das Gefühl der Ruhe, Geborgenheit, Zufriedenheit und Gleichmut ermöglichen schließlich Gelassenheit. Das ist ein Zustand, der sich ergibt, wenn du dich darin geübt hast und nur noch du selbst bist.

Doch gerade von diesem Zustand sind wir oft weit entfernt, trotz aller klaren Erkenntnisse und Vorsätze. Wie schnell bringt dich ein einziges provokantes Wort, eine einzige Gegenfrage, ein banales Ereignis wieder aus der vermeintlichen Mitte! Was nützt dir die eben gewonnene Klarheit, das Bewusstsein deiner Herzenswirklichkeit, wenn doch immer wieder Angst obsiegt?

Angst entsteht aus dem Bewusstsein von Endlichkeit – einer Beziehung, einer Lebensphase, des Lebens selbst. Wenn doch alles seine Zeit hat, dann gewiss auch Angst. Aber muss Angst wirklich »existentiell« werden? Wenn etwas ein Ende hat, gibt es irgendwann wieder einen (Neu-)Anfang. Deshalb setze dir keine Grenzen und lenke die Bahnen deines Lebens nicht selbst in eine Sackgasse.

Warum hast du Angst vor dem Ende dieses Lebens, wenn doch der Tod nur eine Pause im Szenenwechsel der Reise deiner Seele ist? Sei gelassen! Denn Sein ist Gelassenheit.

Sein

Sein ist
Friede in dir
Friede
wenn Liebe ist
in allem.

Du bist, wenn Frieden ist
in dir.
Sein ist Liebe.
Liebe ist Frieden
in deinem Herzen.

Kein Sein, kein Schutz, keine Liebe
wo Trauer, Wut, Hass
und Sucht dich leiten.
Hass-Liebe
ist verlorene Liebe
Herausfallen aus dem Sein
in trügendes Haben.

Nicht-Lassen-Können
Sich-Selbst-Besitzen
nicht Sein,
sondern Sucht.

Lerne dich erspüren
daure es Stunden, Tage
Monate, Jahre,
ein Leben.

Sein ist, wenn es
nur deins ist
Du dein Herz spürst
dann hat Liebe ihre Zeit.

Unter Tränen und Wut bist du
außer dir.
Sei Trauer, sei Wut,
wenn ihre Zeit ist
löse sie
im Licht deines Herzens.

Sein ist Frieden.
Liebe ist
Ausdruck des Seins.

Leben ist das
Spiel des Seins.
Der Schöpfer ist
Liebe und ewiger Friede.

Eins mit uns selbst,
Eins-Sein.
Gedanke, Wort und Tat
Sein vollzieht sich,
schöpfend.
Friede ewiger Bewegung.

WERNER HARTUNG

10. RAUHNACHT

30./31. Dezember

Reise in das neue Leben

Bereite dich heute auf einen neuen Abschnitt deiner Lebensreise, auf das neue Jahr oder vielleicht auch mehr vor. Vor einer Urlaubsreise wählst du auch ein Ziel, vielleicht sogar ein Traumziel, und stellst dir vor, wie es dort sein könnte, was du tun könntest, wer oder was dir begegnen könnte.

Reisen bedeutet immer, einen Ort und Lebensumstände zu verlassen, Bequemlichkeit aufzugeben, liebgewonnene Gewohnheiten hinter sich zu lassen, offen zu sein für das Ungewohnte, das Neue. Es bedeutet Aufbruch in dem Gefühl der Selbstgewissheit, aber mit mehr oder weniger ungewissem Ziel. Wie es genau sein wird, weißt du erst, wenn du angekommen bist.

Reise-Wirklichkeiten kannst du dir erträumen, erdenken. Lenke deine Gedanken nicht auf das, was war und was du hinter dir lässt, wenn du neue Wege beschreitest oder deinen Weg wieder konsequent verfolgst. Nimm Abschied und gehe in die Vorfreude!

Reisen bedeutet auch, sich auf das mehr oder weniger Notwendige zu beschränken und zu schauen: Was ist wichtig, was unabdingbar, was brauche ich wirklich, was kann ich noch tragen, was mitnehmen, was belastet mich unnötig, wen oder was lasse ich zurück?

Entwirf Szenarien für die Umsetzung deiner Herzenswünsche. Setze Bruchstücke zusammen.

Sei kreativ auf deiner »Innenreise« zu dir selbst an diesem Tag, entgrenze dich, habe keine Angst zu fliegen. Gib allen spontanen Gedanken und Einfällen nach, halte sie fest. Denn sie sind »flüchtig«. Doch fliehe du nicht aus deinen Träumen, indem du der Furcht nachgibst, sie seien zu schön um wahr zu sein, um Wirklichkeit zu werden.

11. RAUHNACHT

31. Dezember/1. Januar

Sich selbst neu erfühlen

Schaue heute zurück auf die ersten zehn Tage deiner Pause zwischen den Jahren. Greife die Fäden auf, die du gesponnen hast. Verknüpfe sie zu einem Bild, das dich leitet. Wie nimmst du in der »Summe« wahr, was dir in den vergangenen Rauhnächten begegnet ist? Heute am »Vorabend« des Übergangs in das neue Jahr, ist der richtige Zeitpunkt, dich selbst zu empfinden, besser gesagt: deinen Neu-Entwurf von dir selbst, der in den vergangenen Tagen gewachsen sein kann. Wenn alles nicht so neu ist, dann ist das Ergebnis doch zumindest Selbst-Vergewisserung.

Spüre noch einmal hinein in Entwürfe und Alternativen, ermiss mit dem Herzen, wie sich alles anfühlt. Bist das *du*? Magst du das sein oder werden? Du, der/die Neue oder Alte?

Sich selbst neu erfühlen, heißt, Sicherheit finden – Selbst-Sicherheit.

Sicherheit

Spürst du die Liebe deines Herzens?
Den nie endenden Kuss deiner Seele,
der da speist das Feuer deines Tuns?

Fühlst du dich gebettet in die Liebe der Erde,
deren Kind du bist und die dir
ihren warmen Mantel leiht,
solange du hier zu Gast bist?

Fühlst du die eine ewige Liebe in dir,
die dich schützend umhüllt, als
unendliche Quelle, entspringend
deinem eigenen Herzen?

Fühlst du dich geborgen im Kleid der Erde,
der unergründlichen
Tiefen von Ozean und All?

Schöpfst du, womit du die Welt
bereicherst
aus den Tiefen deiner Seele?

Dann bist du deines Selbstes gewiss.
Nur Selbstgewissheit begründet Sicherheit.
Nicht haben oder fordern kannst du Sicherheit – nur
dir deiner selbst sowie des anderen sicher sein.

Spüre hinein,
ob auch der andere sich seines Selbstes
gewiss ist.
Mit ihm wirst du den ewigen Kuss
deines Herzens teilen, den seinen
empfangen, Unteilbarkeit erfahren.

WERNER HARTUNG

12. RAUHNACHT

1./2. Januar

Kreatives Schöpfen üben

»Richte deine Gedanken auf ein einziges Ziel aus«, so heißt es in manch guter Anleitung. Eben darin liegt der Schlüssel zum erfolgreichen Mitschöpfen.

Fasse einen Gedanken, konzentriere dich auf das ihm entspringende Ziel. Nur so erzeugst du im Außen die erforderlichen Resonanzen, um die Wirklichkeit entstehen zu lassen, die du erwünschst. Doch deine Gedanken wirken nicht, ohne dass ihnen erste Taten folgen. Wenn du heilen willst, dann fasse nicht nur den Entschluss, sondern kaufe eine Behandlungsliege, richte einen schönen Raum dafür ein und sage anderen, dass du bereit bist. Mit den Gedanken bestellst du, mit dem Wort bist du bereit, mit der Tat nur bist du »wirklich«. Du wolltest doch »Wirklichkeit«?

Mache dir bewusst, wie du Resonanz auf den zwei wichtigen Ebenen erzeugen kannst:

Einmal bei deinen Mitmenschen. Sie reagieren so auf dich, wie du für sie ausstrahlst. Entspricht ihre Reaktion nicht deinen Erwartungen, dann lasse den Gedanken zu, dass deine Schwingungen noch nicht so »rein« sind, wie du dir das wünschst, dass es da noch Dissonanzen gibt, vielleicht sogar Misstöne. Schaue hin, worin die Gründe liegen. Oder frage vertraute Personen, erbitte Rückmeldung.

Sodann im Universum: Die Kraft deiner Liebe und deiner Gedanken und die Umsetzung sind es, die Wirklichkeiten aus der Urmaterie der zwölf Grundkräfte schaffen. Besteht Klarheit bei dir und Deckungsgleichheit von Gedanke, Wort und Tat, dann wird dir das Universum alles zuspielen, was du für deinen neuen Herzensweg benötigst.

Deshalb nutze diese letzte Rauhnacht, dich zu »sortieren«, den Dreischritt des Schöpfungsaktes in deinem Bewusstsein in letzter Konsequenz einzupflanzen. Denn schon morgen geht es zurück über die Schwelle in den Lebensalltag.

RÜCKKEHR IN DEN ALLTAG

2./3. Januar

Das Leben bewältigen und genießen

12 Grundkräfte kennt das Universum, 12 Monate das Jahr. Über 12 Tage und in 12 Schritten bist du dir selbst nahe gekommen, dir begegnet, hast dich wiedergefunden, neu erfunden oder bestätigt gefunden. Die 13 ist die Zahl des Einen (3 in 1 und 1 in 3), wenn aus der Einheit ent-zweit die Drei entsteht, in dem die 1 ihren Spiegel, ihre Manifestation findet. Die Schöpfung ist ein Dreischritt, bestehend aus Gedanke, Wort und Tat, symbolisiert durch Dreieck oder Pyramide.

Auch du bist in dem Rahmen, den der Schöpfer dir eröffnet, ein schöpfendes Wesen. Richte deinen Blick wieder nach außen, manifestiere, was deinem Herzen entspringt.

Mit dem heutigen 13. Tag tauchst du wieder ein in die gewohnte »Wirklichkeit«. Rufe dir noch einmal in Erinnerung, was du in den Rauhnächten erfahren, durchfühlt und gelernt hast. »Beherzige« es noch einmal und gib dich dann dem Alltag hin.

6. Lösungsritual für die Rauhnächte

Was tun, wenn in der Zeit der Rauhnächte etwas schief läuft? Wenn es Streit gibt oder Handeln als verletzend empfunden wird? Dann ist es in dieser besonderen Zeit wichtig, die bindenden Energien unverzüglich zu lösen, da sie sonst Einfluss auf den Verlauf des kommenden Jahres und den Monat gewinnen, für den die jeweilige Rauhnacht steht. Das Auflösungsritual können am besten die beiden betroffenen Personen miteinander vollziehen:

Setzt euch einander gegenüber oder nebeneinander hin. Legt dem Gegenüber eure rechte Hand auf das Herzchakra und bittet die andere Person, dasselbe zu tun. Dann sprecht im Wechsel:

Ich bitte dich, mir zu verzeihen (Anlass oder Vorfall kurz benennen).
Ich verzeihe mir selbst, gebe mich und dich aus allem frei, was uns dadurch bindet.
Gelöst sei nun im Lichte des Einen, was gebunden hat, und wieder vereint, was getrennt war. So sei es.
Ich danke dir, dass du dich mit mir versöhnst und wünsche dir, dass du in der Liebe sein mögest.
Sei gesegnet.

Ist die/der andere Betroffene nicht anwesend, so öffne deine Hände, sende ihm Energie und sprich an ihn gerichtet die obigen Worte.

TEIL 2

In diesem Teil geben wir Fragen und Übungen für jede einzelne der zwölf Rauhnächte und Raum für eigene Notizen, Fotos oder Bilder.

Kurzanleitung für das Rauhnachttagebuch

Beginnen kannst du bei Einbruch der Dämmerung, wenn dein Tagesablauf es zulässt. Vielleicht machst du ein festes Ritual, eine kleine Feier daraus: Du zündest dir eine Kerze an, machst es dir gemütlich, schaffst eine schöne Atmosphäre, räucherst mit Blüten, Kräutern und Harzen. Lies zuerst an jedem Abend das Kapitel zur Tagesqualität der anbrechenden Rauhnacht.

Beginnen darfst du dann mit einer kurzen Rückschau. Nimm dein Rauhnacht-Tagebuch zur Hand. Notiere die wesentlichen Ereignisse. Finde heraus, ob und welche Muster sich hinter den unschönen Erfahrungen verbergen, und notiere sie, schreibe eine Affirmation dazu. Formuliere dein Schlussgebet: Wem oder was verzeihst du und wem oder für was dankst du, seien es besondere Begegnungen mit Menschen oder hilfreiche und schöne Ereignisse und Situationen, die dir widerfahren sind. Du kannst in dein Rauhnacht-Tagebuch auch ein Foto einkleben oder ein Bild malen.

Widme dich nun ganz dem Jetzt, der besonderen Tagesqualität. Erspüre sie zuerst für dich.

Zur Einstimmung in jeder Rauhnacht empfiehlt sich die Übung »Zeitqualität erspüren« der 1. Rauhnacht *(siehe Seite 26).* Wähle die eine oder andere Frage, Affirmation oder Übung aus dem Übungsteil für dich aus. Nimm sie mit in die Nacht, in deine Träume, meditiere beim Aufwachen darüber und erspüre, lebe und erlebe sie am kommenden Tag. Notiere deine Auswahl, deine Erkenntnisse und Empfindungen.

Sei aufmerksam und wach für dich, deine Träume und Wachträume. Notiere, male oder fotografiere, was du träumst und erträumst, wer und was dir begegnet.

Stelle dir bildlich vor, was du dir für den entsprechenden Monat des kommenden Jahres im allgemeinen und für das ganze kommende

Jahr in Bezug auf die Tagesqualität im besonderen wünschst. (Berücksichtige aber dabei, dass die Tagesqualität/das Thema der jeweiligen Rauhnacht dabei weder im abgelaufenen noch im kommenden Jahr eine Beziehung zu dem ihr zugeordneten Monat hat). Halte auch das Visualisierte in Notizen und/oder Bildern fest. Formuliere Affirmationen, mit denen du in den kommenden Monaten arbeiten kannst.

Dieses Buch lässt im zweiten Teil Raum für deine Gedanken, Bilder und Notizen. Vielleicht legst du dir aber auch ein schönes Rauhnacht-Tagebuch an? Aufzeichnungen, die du hervorholen kannst, können dir im kommenden Jahr eine wertvolle Hilfe sein. Du kannst dann im Laufe des Jahres in schwierigen Situationen immer wieder auf das Erfühlte und Erlebte zurückgreifen oder die ein oder andere Übung wiederholen.

1. RAUHNACHT

21. Dezember - 22. Dezember
(Thomasnacht, Wintersonnenwende)

Januar – Spüre die Qualität der Zeit

Zeit ist wie Ewigkeit
und Ewigkeit wie Zeit –
So du nur selber nicht
machst einen Unterscheid.

ANGELUS SILESIUS

Rückschau

Wie habe ich das Neujahrsfest erlebt?
Wie bin ich in das neue Jahr gestartet?
Welche Vorsätze und Pläne hatte ich?
Gab es besondere Festtage, z.B. Geburtstage?
Welche Menschen waren besonders wichtig?
Habe ich Reisen unternommen?
Was war besonders schön?
Wer hat mich unterstützt?
Was ist mir Gutes widerfahren?
Bei wem oder für was möchte ich mich bedanken?

Was habe ich »Unschönes« erlebt?

Habe ich Schicksalsschläge erlitten?

Gab es Streit, Auseinandersetzungen, Enttäuschungen?

Wem habe ich noch nicht verziehen?

Welche Situation aus dem vergangenen Januar, welche Erlebnisse möchte ich jetzt bereinigen?

Wie bin ich im vergangenen Jahr mit meiner Zeit umgegangen?

Habe ich mir Zeit genommen?

War ich Herr/Herrin meiner Zeit?

Habe ich Zeitfenster erkannt und genutzt?

Tagesthema

Übung: Meine Zeit heute - Zeitqualität erspüren

Ich lege meine Hände auf das Herzchakra, spüre einen Moment meine Energie, mich selbst – unbeeinflusst von quälenden Gedanken oder Ängsten. Ich stelle mir einige Fragen und erspüre die Antworten meines Herzens.

Wie fühlt sich dieser Tag für mich an?

In welcher Stimmung bin ich, wenn ich meine Gefühle zulasse?

Was fühlt sich heute für mich gut an?

Welches Gefühl habe ich zu all dem, was ich mir vorgenommen habe, was ansteht?

Was müsste ich »eigentlich« tun, doch wonach ist mir »in Wirklichkeit«?

Was kann ich hinzufügen oder weglassen, um mich auf die Tagesqualität zu konzentrieren, sie voll auszukosten?

Was wollte ich schon immer einmal tun – und passt das vielleicht eher zu dieser Tagesqualität?

Fühlt sich mein Tagesprogramm jetzt gut an?

Anmerkung: Diese Übung empfiehlt sich generell zur Einstimmung in die besondere Tagesqualität jeder Rauhnacht. Siehe dazu die Anleitung auf Seite 27.

Fragen

Meine Zeit

Wer oder was bestimmt meine Zeit?

Verfüge ich über meine Zeit?

Wie viel Zeit verwende ich wofür?

Wie ist der Rhythmus meiner Tage/des Jahres?

Habe ich Zeit, einfach zu sein?

Nehme ich mir Zeit?

Lasse ich mir Zeit?

Wie viel Zeit widme ich meinen Träumen und Zielen?

Stelle ich mir Bedingungen: Ich muss erst das und das tun, dann habe ich Zeit?

Weiß ich die Zeichen der Zeit zu erkennen und zu deuten?

Meine Lebenszeit

Bin ich in meinem Leben im »richtigen Film«?

Ist mein Herz erfüllt von meinem Da-Sein, so wie es jetzt ist?

Empfinde ich Freude bei allem, was jetzt in meinem Leben ist?

Über Menschen, Beziehungen, Tätigkeiten, Rahmenbedingungen?

Wovon träume ich?

Welche Sehnsüchte habe ich?

Wie fühlt sich die Diskrepanz zwischen Lebenstraum und Lebens-
wirklichkeit an?

Ist Veränderung »angesagt«?

Wohin soll meine Lebensreise führen?

Vorausschau

Begegnungen und Zeichen

Was habe ich heute geträumt?

Wie war das Wetter, die Stimmung, die Atmosphäre?

Was hat sich heute ereignet?

Wer oder was ist mir heute begegnet, an Situationen und Menschen,
    an Tieren und Pflanzen, in der Meditation?

Welche Zeichen wurden mir heute gezeigt?

Wie hat sich das heute angefühlt »Zeit für mich«?

Ist die Zeit verflogen oder hat sie sich hingestreckt?

Bewusst gestalten

Was sind meine Visionen für den kommenden Januar?

Welche Wachträume hatte ich heute?

Hatte ich heute »Zeit für mich«, konnte ich meine Zeit bewusst gestalten?

Was wünsche ich mir in Bezug auf meinen Umgang mit meiner alltäglichen Zeit für das kommende Jahr?

Welche Veränderungen strebe ich an?

Was sind die Zeitfenster im kommenden Jahr, was steht an?

Welche Entscheidungen möchte ich treffen?

2. RAUHNACHT

22. Dezember - 23. Dezember

Februar – Demut und Hingabe

Ist Demut diese wertfreie Liebe im Wissen um die kosmische Ordnung, im Anerkennen und Akzeptieren gegenüber dem, was ist, so wie es ist und so wie es werden muss?
THEODOR FONTANE

Rückschau

Habe ich die heller werdenden Tage bewusst erlebt?
Gab es besondere Festtage?
Welche Menschen waren besonders wichtig?
Habe ich Reisen unternommen?
Was war besonders schön?
Wer hat mich unterstützt?
Was ist mir Gutes widerfahren?
Bei wem oder für was möchte ich mich bedanken?

Was habe ich »Unschönes« erlebt?

Habe ich Schicksalsschläge erlitten?

Gab es Streit, Auseinandersetzungen, Enttäuschungen?

Wem habe ich noch nicht verziehen?

Welche Situation aus dem vergangenen Februar, welche Erlebnisse möchte ich jetzt bereinigen?

Wo konnte ich demütig sein, mich hingeben, das Beste aus allem machen, was mir widerfahren ist?

Wo konnte ich nicht demütig sein/habe ich rebelliert?

Tagesthema

Fragen

Darf ich einfach sein oder muss ich vielmehr ständig etwas leisten, um mich geliebt zu fühlen?

Wann und wie oft erlaube ich mir, einfach zu sein?

Brauche ich das Drama, emotionalen Schmerz und Leid, um mich selbst zu fühlen?

Habe ich das Gefühl, über mein Leben zu bestimmen, selbstbestimmt zu sein, eigene Entscheidungen zu treffen?

Fühle ich mich geliebt, begleitet, geleitet? Oder missverstanden und missachtet, gehindert, bedrängt oder eingeengt?

Wer oder was ist meiner Ansicht nach »schuld« daran?

Empfinde ich Vertrauen in die Welt, in Gott, den Lauf meines Lebens?

Fühle ich mich »geerdet« oder möchte ich weg sein, wegfliegen?

Wie fühlt es sich für mich an, loszulassen, mich dem »Fluss des Lebens« hinzugeben?

Muss ich alles kontrollieren, alles (vorher) wissen – oder liebe ich es, vom Leben überrascht zu werden?

Meditation

Ich meditiere heute über den Satz: »Dein Wille und mein Wille sei ein Wille.«

Affirmation

Der göttliche Wille ist, dass ich meine Einzigartigkeit lebe, mein Herz spüre, Freude habe, tanze, singe, bin!

Ich schreibe eine eigene Affirmation zum Thema Demut und Hingabe.

Übung

Ich übe heute Demut und gebe mich bewusst und mit ganzem Herzen einer Situation, einer Tätigkeit, einer Aufgabe, einem Wesen, einem Menschen hin. Was geschieht dabei? Wie geht es mir damit?

Vorausschau

Begegnungen und Zeichen
Was habe ich heute geträumt?
Wie war das Wetter, die Stimmung, die Atmosphäre?
Was hat sich heute ereignet?
Wer oder was ist mir heute begegnet, an Situationen und Menschen,
    an Tieren und Pflanzen, in der Meditation?
Welche Zeichen wurden mir heute gezeigt?

Wie habe ich heute Demut und Hingabe erlebt?

Bewusst gestalten

Was sind meine Visionen für den kommenden Februar?

Welche Wachträume hatte ich heute?

Was wünsche ich mir in Bezug auf meinen Umgang mit Demut und Hingabe für das kommende Jahr?

Welchen Menschen, welchen Lebensumständen möchte ich mich hingeben?

3. RAUHNACHT

23. Dezember - 24. Dezember

März – Entdecke Deine Herzenskraft

Als ich mich selbst zu lieben begann,
da erkannte ich, dass mich mein Denken
armselig und krank machen kann,
als ich jedoch meine Herzenskräfte anforderte,
bekam der Verstand einen wichtigen Partner.
Diese Verbindung nenne ich heute »Herzensweisheit«.
CHARLY CHAPLIN ZU SEINEM 70. GEBURTSTAG (AUSZUG)

Rückschau

Habe ich die Geister der dunklen Jahreszeit vertrieben?
Gab es Reinigungsprozesse, Fasten, Hausputz?
Gab es besondere Festtage?
Welche Menschen waren besonders wichtig?
Habe ich Reisen unternommen?
Was war besonders schön?
Wer hat mich unterstützt?
Was ist mir Gutes widerfahren?
Bei wem oder für was möchte ich mich bedanken?

Was habe ich »Unschönes« erlebt?
Habe ich Schicksalsschläge erlitten?
Gab es Streit, Auseinandersetzungen, Enttäuschungen?
Wem habe ich noch nicht verziehen?
Welche Situation aus dem vergangenen März, welche Erlebnisse möchte
ich jetzt bereinigen?

Konnte ich mein Herz spüren im vergangenen Jahr?
Habe ich nach meinem Herzen gehandelt?
Hat es gehüpft vor Freude und wobei?

Tagesthema

Fragen

Wie treffe ich meine Entscheidungen?
Kommen sie aus dem Kopf, hinter gefurchter Stirn?
Oder »aus dem Bauch«? In dem doch meine Ängste und Sorgen regieren?
Weiß ich, wie es sich anfühlt, »von Herzen« zu reden und zu handeln, mein Herz zu spüren, meine Antworten dort zu finden?

Meditation
Ich erfahre mein Herz in der Herzmeditation (siehe S. 32 f).
Was habe ich bei der Herzmeditation erlebt? Ich notiere, beschreibe,
  male die Erlebnisse.

Übung
Wem oder welchen Umständen möchte ich heute mit der Strahlkraft
meines ganzen Herzens begegnen? (Das kann ein geliebter oder un-
geliebter Mensch sein, ein Tier, eine Pflanze, die Natur, Mutter Erde,
ein Naturwesen oder auch eine Sache oder Tätigkeit, die ich mit ganzem Herzen tue, der ich mich ganz widme.) Ich notiere, beschreibe
oder male wie sich das anfühlt, was dabei geschieht.

Vorausschau

Begegnungen und Zeichen

Was habe ich heute geträumt?

Wie war das Wetter, die Stimmung, die Atmosphäre?

Was hat sich heute ereignet?

Wer oder was ist mir heute begegnet, an Situationen und Menschen,
an Tieren und Pflanzen, in der Meditation?

Welche Zeichen wurden mir heute gezeigt?

Wie und wobei habe ich heute meine Herzenskraft gespürt?

Bewusst gestalten

Was sind meine Visionen für den kommenden März?

Welche Wachträume hatte ich heute?

Was wünsche ich mir im Hinblick auf meinen Umgang mit meiner Herzenskraft für das kommende Jahr?

Welche Idee, welcher Plan, welche Menschen und Tätigkeiten, welche Entscheidungen werden mein Herz zum Leuchten bringen?

4. RAUHNACHT

24. Dezember - 25. Dezember
(Weih(e)nacht, Heiligabend und 1. Weih(e)nachtstag)

April – Frieden finden

Wird Christus tausendmal
zu Bethlehem geboren
und nicht in dir;
du bleibst noch ewiglich verloren.
ANGELUS SILESIUS

Rückschau

Wie habe ich den wechselhaften April erlebt?
Gab es besondere Festtage?
Welche Menschen waren besonders wichtig?
Habe ich Reisen unternommen?
Was war besonders schön?
Wer hat mich unterstützt?
Was ist mir Gutes widerfahren?
Bei wem oder für was möchte ich mich bedanken?

Was habe ich »Unschönes« erlebt?

Habe ich Schicksalsschläge erlitten?

Gab es Streit, Auseinandersetzungen, Enttäuschungen?

Wem habe ich noch nicht verziehen?

Welche Situation aus dem vergangenen April, welche Erlebnisse möchte
ich jetzt bereinigen?

Womit war ich im Frieden im letzten Jahr?

Wo herrschte Unfrieden?

Welchem Frieden bin ich schon ein gutes Stück näher gekommen?

Tagesthema

Übungen

Ich wähle ein Thema des siebenfältigen Friedens (Friede mit dem Körper, Friede mit dem Geist, Friede mit der Familie, Friede mit der Menschheit, Friede mit der Kultur, Friede mit der Erdenmutter, Friede mit dem Himmelsvater), mit dem ich den größten Unfrieden spüre, wähle die entsprechenden Affirmationen, Gebete oder Übungen oder ich notiere eigene Affirmationen und arbeite heute damit.

Ich wähle ein Thema des siebenfältigen Friedens, mit denen ich den größten Frieden verspüre und feiere heute diesen Frieden, danke heute besonders für diesen Frieden, der mir geschenkt ist.

Wie gelingt es mir zu feiern, Freude und Dank zum Ausdruck zu bringen?

Was gehört für mich zu einer erfüllten Feier dazu?

Vorausschau

Begegnungen und Zeichen

Was habe ich heute geträumt?

Wie war das Wetter, die Stimmung, die Atmosphäre?

Was hat sich heute ereignet?

Wer oder was ist mir heute begegnet, an Situationen und Menschen, an Tieren und Pflanzen, in der Meditation?

Welche Zeichen wurden mir heute gezeigt?

Was habe ich heute verschenkt, welche Botschaft habe ich damit gegeben?

Welche Geschenke habe ich heute bekommen und welche Botschaften damit erhalten?

Wie und wobei habe ich heute Frieden erlebt?

Welchen der »sieben Frieden« durfte ich heute besonders spüren?

Bewusst gestalten

Was sind meine Visionen für den kommenden April?

Welche Wachträume hatte ich heute?

Was wünsche ich mir in Bezug auf meinen Umgang mit Frieden, in Bezug auf den Frieden mit meinem Körper, meinem Geist, meiner Familie, der Menschheit, der Kultur, Mutter Erde und dem himmlischen Vater für das kommende Jahr?

Welchem Frieden möchte ich mich in besonderer Weise verschreiben?

5. RAUHNACHT

25. Dezember - 26. Dezember
(1. und 2. Weih(e)nachtstag)

Mai – Vertrauen

Sobald du vertraust, weißt du zu leben.
JOHANN WOLFGANG VON GOETHE

Rückschau

Konnte ich den Beginn des Frühlings feiern und erleben?
Gab es besondere Festtage?
Welche Menschen waren besonders wichtig?
Habe ich Reisen unternommen?
Was war besonders schön?
Wer hat mich unterstützt?
Was ist mir Gutes widerfahren?
Bei wem oder für was möchte ich mich bedanken?

Was habe ich »Unschönes« erlebt?

Habe ich Schicksalsschläge erlitten?

Gab es Streit, Auseinandersetzungen, Enttäuschungen?

Wem habe ich noch nicht verziehen?

Welche Situation aus dem vergangenen Mai, welche Erlebnisse möchte ich jetzt bereinigen?

Habe ich mir vertraut, dem Leben?

Wem habe ich noch vertraut, in der Familie im Beruf?

Wo fällt es mir schwer zu vertrauen?

In wen oder was habe ich nicht vertraut?

Wer hat mein Vertrauen enttäuscht?

Tagesthema

Affirmation

Ich vertraue auf Gott und die göttliche Führung. Ich vertraue mir. Ich vertraue meinen Gaben und vertraue auf meine Kraft. Ich vertraue meiner Familie und den Menschen. Mir begegnen Menschen und Umstände, die in der jeweiligen Situation »genau richtig« sind, die mir Botschaften und Hilfen geben. Ich bin zu jeder Zeit am richtigen Ort.

Ich genieße die Natur und vertraue dem Spiel der Elemente. Die Erde ist für mich ein wirtlicher Ort, ein Zuhause. Ich vertraue in die Naturgewalten. Ich lebe in dem Vertrauen, dass ich geschützt und beschützt bin.

Ich formuliere eigene Affirmationen für einen Bereich, in dem es mir immer wieder schwerfällt zu vertrauen und oft Zweifel obsiegen.

Übung

Ich suche mir ein oder zwei Bereiche, in denen es mir besonders schwerfällt zu vertrauen, verbinde mich in Gedanken und mit meinen Gefühlen mit Situationen, die ich in guter Erinnerung habe, die trotz meiner Zweifel gut ausgegangen sind.

Ich knüpfe immer wieder daran an, begebe mich in die Schwingungen des Vertrauens, die von ihnen ausgehen. Ich betrachte die Gegenwart mit dem Vorsatz, alle noch so kleinen Dinge aufzuwerten, die mein Vertrauen ins Hier-Sein fördern und Misstrauen verblassen lassen.

Vorausschau

Begegnungen und Zeichen

Was habe ich heute geträumt?

Wie war das Wetter, die Stimmung, die Atmosphäre?

Was hat sich heute ereignet?

Wer oder was ist mir heute begegnet, an Situationen und Menschen, an Tieren und Pflanzen, in der Meditation?

Welche Zeichen wurden mir heute gezeigt?

Von wem wurde mir heute Vertrauen entgegengebracht?

Bewusst gestalten

Was sind meine Visionen für den kommenden Mai?

Welche Wachträume hatte ich heute?

Wem oder was habe ich heute bewusst vertraut?

Wem oder worauf möchte ich besonders vertrauen im kommenden Jahr?

Welche Veränderungen strebe ich in Bezug auf Vertrauen an?

6. RAUHNACHT

26. Dezember - 27. Dezember

Juni – Ruhe finden

Was ohne Ruhepausen geschieht, ist nicht von Dauer.
Ovid

Rückschau

Wie habe ich den Frühsommer erlebt?
Gab es besondere Festtage?
Welche Menschen waren besonders wichtig?
Habe ich Reisen unternommen?
Was war besonders schön?
Wer hat mich unterstützt?
Was ist mir Gutes widerfahren?
Bei wem oder für was möchte ich mich bedanken?

Was habe ich »Unschönes« erlebt?
Habe ich Schicksalsschläge erlitten?
Gab es Streit, Auseinandersetzungen, Enttäuschungen?
Wem habe ich noch nicht verziehen?
Welche Situation aus dem vergangenen Juni, welche Erlebnisse möchte
ich jetzt bereinigen?
Wer oder was hat mich nicht zur Ruhe kommen lassen im letzten Jahr?
Wo hatte ich Ruhezeiten, die ich genießen konnte?

Tagesthema: Ruhe finden

Meditation »Stille schaffen«

Vielen Menschen scheint es unmöglich, um sich herum äußere Ruhe zu schaffen, um innere Ruhe zu ermöglichen. Aber mit etwas Übung kann es mir gelingen, dennoch »abzuschalten«. Wie wäre es, wenn ich in Geräuschen und Lärm keinen feindseligen Akt gegen mich und meine Bedürfnisse sehe, sondern dieses »Hintergrundrauschen« des Alltags für meine Auszeiten anders bewerte?

Ich begebe mich in die Meditation, wie ich sie für die Herzbefragung geübt habe (siehe S. 32 f.). Wenn ich mich verbunden habe, lausche ich aufmerksam allen Geräuschen um mich herum, nehme sie ganz bewusst wahr! Ich versuche diesmal nicht, sie zu »überhören«. Ich bewerte keines der Geräusche. Ich beginne mit den Geräuschen im Freien, gleich ob ich dort Verkehrslärm höre, spielende Kinder, streitende Menschen, Vogelgesang, Flugzeuge oder das Signalhorn eines Rettungswagens. Dann konzentriere ich mich auf die Geräusche im Haus, in anderen Wohnungen oder Zimmern. Ich nehme alles passiv wahr, auch wenn es meine Kinder sind, die ihre Kraft ausleben oder die Musik aufdrehen. Im nächsten Schritt lausche ich den Geräuschen im Meditationsraum, der tickenden Uhr, dem knarrenden Boden, der summenden Fliege…

Dann schalte ich auch diese Ebene in meinem Bewusstsein aus und lenke es auf die Geräusche meines Körpers. Ich nehme meine Herztöne wahr, höre meinen Puls rauschen. »Blubbert« es im Bauch? Ich nehme auch die unwillkürlichen Bewegungen meines Körpers wahr, ein Muskelzucken etwa. Alles, was mich sonst stört, ja aufbringt, sei Gegenstand meiner Meditation. Ich söhne mich mit allem aus, denn alle diese Geräusche gehören zur Umwelt, zu meiner Umgebung, zu mir selbst. Ich lasse sie einfach »sein«, und ich bemerke, dass sie auch mich sein lassen: nämlich in der Ruhe, die ich mir wünsche. Gelingt mir diese Übung nicht gleich, so doch bestimmt von mal zu mal besser.

Ich schaffe mir Ruhe in ruheloser Umgebung.

Vorausschau

Begegnungen und Zeichen
Was habe ich heute geträumt?
Wie war das Wetter, die Stimmung, die Atmosphäre?
Was hat sich heute ereignet?
Wer oder was ist mir heute begegnet, an Situationen und Menschen,
    an Tieren und Pflanzen, in der Meditation?
Welche Zeichen wurden mir heute gezeigt?
Welche Töne wurden mir heute gesendet?
Konnte ich heute ruhig sein?
Wie hat sich das angefühlt?
Was hat zu der Ruhe geführt?

Bewusst gestalten

Was sind meine Visionen für den kommenden Juni?

Welche Wachträume hatte ich heute?

Was habe ich in der Meditation bewusst an Geräuschen, was an Rauschen wahrgenommen?

Wofür oder wovor möchte ich Ruhe im kommenden Jahr?

7. RAUHNACHT

27. Dezember - 28. Dezember

Juli – Für sich selbst sorgen

Das höchste Gut ist die Harmonie der Seele mit sich selbst.
Seneca

Rückschau

Habe ich den Sommer genossen im Juli des letzten Jahres?
Gab es besondere Festtage?
Welche Menschen waren besonders wichtig?
Habe ich Reisen unternommen?
Was war besonders schön?
Wer hat mich unterstützt?
Was ist mir Gutes widerfahren?
Bei wem oder für was möchte ich mich bedanken?

Was habe ich »Unschönes« erlebt?

Habe ich Schicksalsschläge erlitten?

Gab es Streit, Auseinandersetzungen, Enttäuschungen?

Wem habe ich noch nicht verziehen?

Welche Situation aus dem vergangenen Juli, welche Erlebnisse möchte ich jetzt bereinigen?

Um wen oder was habe ich mich gesorgt, anstatt für mich selber zu sorgen?

Tagesthema

Überlegungen

In welchen Lebensbereichen sorge ich für mich, übernehme Verantwortung, lasse es mir aber auch gut gehen?

Übernehme ich die materielle, finanzielle Verantwortung für mein Leben?

Übernehme ich die Verantwortung für meine Gefühle und mein Wohlbefinden?

Gönne ich mir, mich schön zu kleiden, behaglich zu wohnen, eine befriedigende Arbeit, gesunde gute Nahrung, Bewegung und Ruhe, aber auch genügend Spaß und Freude am Leben?

Ich notiere die Bereiche, in denen ich mich gut um mich kümmere, und die, in denen ich mich besser um mich kümmern und mir mehr gönnen könnte.

Übung

Ich befreie mich heute einmal von allen Verpflichtungen und Sorgen um andere und tue nur, was meinem Herzen gefällt und einfällt, so richtig nach »Herzenslust«. Ich werde vielleicht merken, dass das gar nicht einfach ist, ja, dass es sogar viel leichter ist, sich um andere zu kümmern. Dann übe ich heute, meinem Herzen zu lauschen. Ich begebe mich einfach auf eine Herzensreise, lasse mich treiben und tragen und schaue, was das Leben für mich bereithält.

Ich notiere, fotografiere, male, beschreibe, was das Leben mir dabei schenkt.

Es mag auch sein, dass mein Tag schon verplant ist, dann übe ich einfach in meiner Vorstellung. Jetzt! Ich stelle mir einen freien Tag vor, über den ich allein verfügen kann, so unvorstellbar es auch bis heute gewesen sein mag. Ich gestalte ihn allein nach meinen Wünschen, wenn auch vorerst nur in Gedanken oder auf dem Papier. Ich beschreibe oder male meine Wünsche: Denn Gedanken und Worte gehen der Tat voraus. Bestellungen müssen erst abgeschickt werden, wenn sie bei mir eintreffen sollen.

Vorausschau

Begegnungen und Zeichen

Was habe ich heute geträumt?

Wie war das Wetter, die Stimmung, die Atmosphäre?

Was hat sich heute ereignet?

Wer oder was ist mir heute begegnet, an Situationen und Menschen, an Tieren und Pflanzen, in der Meditation?

Welche Zeichen wurden mir heute gezeigt?

Welche Hinweise und Zeichen habe ich bekommen, wo ich besser für mich selbst sorgen kann?

Wie hat es sich angefühlt, für mich selber zu sorgen?

Bewusst gestalten
Was sind meine Visionen für den kommenden Juli?
Welche Wachträume hatte ich heute?
Wo möchte ich im kommenden Jahr besser für mich sorgen: für finan-
ziele Unabhängigkeit, für befriedigende Aufgaben, für ein behag-
liches Zuhause, für gesunde Speisen, für schöne Kleidung, für Bewegung, für Ruhe, für Freude und Ausgelassenheit? Und wie kann
mir das gelingen?

8. RAUHNACHT

28. Dezember - 29. Dezember

August – Wahrheit und Klarheit

Klarheit ist keine Frage der Form, sondern der Liebe.
LEO TOLSTOI

Rückschau

Konnte ich Ferien machen im August des letzten Jahres?
Gab es besondere Festtage?
Welche Menschen waren besonders wichtig?
Habe ich Reisen unternommen?
Was war besonders schön?
Wer hat mich unterstützt?
Was ist mir Gutes widerfahren?
Bei wem oder für was möchte ich mich bedanken?

Was habe ich »Unschönes« erlebt?

Habe ich Schicksalsschläge erlitten?

Gab es Streit, Auseinandersetzungen, Enttäuschungen?

Wem habe ich noch nicht verziehen?

Welche Situation aus dem vergangenen August, welche Erlebnisse möchte ich jetzt bereinigen?

In welchen Lebensbereichen herrschte Unklarheit?

Wem gegenüber habe ich mich nicht klar ausgedrückt im vergangenen Jahr?

Tagesthema

Übung

Ich begebe mich in die Ruhe, in einen entspannten, meditativen Zustand und bin für mich. Ich vergegenwärtige mir die Erkenntnisse, Gefühle und Entdeckungen der vergangenen Tage und stelle mir folgende Fragen:

Was ist meine Wahrheit?

Kenne ich meine Wahrheit?

Mag ich meiner Wahrheit ins Gesicht sehen?

Handle ich nach meinen Grundsätzen, meiner Wahrheit?

Welche Ängste und Lehrsätze bestimmen mein Leben und Handeln bewusst oder – bisher – unbewusst, die mich daran hindern, meine Wahrheit zu erkennen?

Was muss ich in meinem Leben weglassen, hinzufügen, um meiner Wahrheit näherzukommen?

Bin ich klar?

Gibt es Klarheit in meinen Gedanken, Worten und Taten?

Welche Ängste und Lehrsätze bestimmen mein Denken und Handeln, bewusst oder – bisher – unbewusst, die mich daran hindern, Klarheit in mein Leben zu bringen?

Wem mag ich mich nicht in Klarheit mit meiner Wahrheit zumuten, wem spiele ich etwas vor?

Welchen Menschen kann ich mich in Klarheit mit meiner Wahrheit zumuten?

Was möchte ich wem gegenüber zum Ausdruck bringen, um Klarheit zu schaffen?

Vorausschau

Begegnungen und Zeichen
Was habe ich heute geträumt?
Wie war das Wetter, die Stimmung, die Atmosphäre?
Was hat sich heute ereignet?
Wer oder was ist mir heute begegnet, an Situationen und Menschen,
  an Tieren und Pflanzen, in der Meditation?
Welche Zeichen wurden mir heute gezeigt?
Was hat sich heute wahr für mich angefühlt?
Was erschien mir klar?

Bewusst gestalten
Was sind meine Visionen für den kommenden August?
Welche Wachträume hatte ich heute?
Wo möchte ich mehr Klarheit in meinem Leben im kommenden Jahr?

9. RAUHNACHT

29. Dezember - 30. Dezember

September – Gelassenheit

Die Gelassenheit ist eine anmutige Form des Selbstbewusstseins.
MARIE VON EBNER-ESCHENBACH

Rückschau

Wie habe ich den Beginn des Herbstes wahrgenommen?
Gab es besondere Festtage?
Welche Menschen waren besonders wichtig?
Habe ich Reisen unternommen?
Was war besonders schön?
Wer hat mich unterstützt?
Was ist mir Gutes widerfahren?
Bei wem oder für was möchte ich mich bedanken?

Was habe ich »Unschönes« erlebt?

Habe ich Schicksalsschläge erlitten?

Gab es Streit, Auseinandersetzungen, Enttäuschungen?

Wem habe ich noch nicht verziehen?

Welche Situation aus dem vergangenen September, welche Erlebnisse
möchte ich jetzt bereinigen?

Was hat mich immer wieder aufgeregt, im Alltag, im Leben?

In welchen Lebensbereichen herrschte zu wenig Gelassenheit?

Wo möchte ich gelassener werden?

Tagesthema

Übung

Ich mache mir einmal bewusst, wie ich anderen in Auseinandersetzungen begegne. Ich simuliere diese Situation, gehe sie in Gedanken für mich durch. Vielleicht gibt es auch einen Menschen, mit dem ich das als »Spiel« üben kann. So können wir beide dafür ein Thema und Regeln vereinbaren, erfahren, wie wir reagieren und im Anschluss eine Auswertung vornehmen. Ich richte dabei mein Augenmerk darauf, wie und wovon ich mich provozieren lasse, aus meiner Mitte gerate, nicht mehr gelassen bin.

Ich achte auf folgende Gesichtspunkte: »Reiten« mich Muster, Gefühle und Aggressionen, Vergangenes und Zukünftiges? Wie kann ich gegenwärtig sein, Gelassenheit bewahren, mein Gegenüber ernst nehmen, mich ihm zuwenden, bei mir bleiben?

Bemerke ich es, wenn Unausgesprochenes und Unbewusstes Unwohlsein und Ängste hervorrufen, mein Selbst-Bewusstsein untergraben und das Urteil über die Position des anderen prägen?

Kann ich den Gedanken zulassen, dass alles, was mir begegnet, von mir zu »verantworten« ist? Dass jede Auseinandersetzung ein Spiegel dessen ist, was ich (oft unbewusst) glaube, aus der ich lernen und an der ich wachsen kann? Kann ich auf den anderen zugehen, verzeihen, dankbar sein, auch für den Streit?

Vorausschau

Begegnungen und Zeichen

Was habe ich heute geträumt?

Wie war das Wetter, die Stimmung, die Atmosphäre?

Was hat sich heute ereignet?

Wer oder was ist mir heute begegnet, an Situationen und Menschen, an Tieren und Pflanzen, in der Meditation?

Welche Zeichen wurden mir heute gezeigt?

Welche Hinweise und Zeichen habe ich im Hinblick auf Gelassenheit bekommen?

Bewusst gestalten

Was sind meine Visionen für den kommenden September?

Welche Wachträume hatte ich heute?

Wo möchte ich mehr Gelassenheit in meinem Leben im kommenden Jahr?

10. RAUHNACHT

30. Dezember - 31. Dezember

Oktober - Reise in das neue Leben

Eine Reise von tausend Meilen beginnt mit einem einzigen Schritt.
LAOZI

Rückschau

Hatte ich eine gute »Ernte« im Oktober des vergangenen Jahres?
Gab es besondere Festtage?
Welche Menschen waren besonders wichtig?
Habe ich Reisen unternommen?
Was war besonders schön?
Wer hat mich unterstützt?
Was ist mir Gutes widerfahren?
Bei wem oder für was möchte ich mich bedanken?

Was habe ich »Unschönes« erlebt?

Habe ich Schicksalsschläge erlitten?

Gab es Streit, Auseinandersetzungen, Enttäuschungen?

Wem habe ich noch nicht verziehen?

Welche Situation aus dem vergangenen Oktober, welche Erlebnisse möchte ich jetzt bereinigen?

Welche Gewohnheiten wollte ich schon das letzte Jahr hinter mir lassen?

Was ist überfällig an Veränderung?

Was ist an der Zeit verlassen zu werden, in der Partnerschaft, im Beruf, an inneren und äußeren Lebensumständen?

Tagesthema

Fragen

Habe ich ein Reiseziel gefunden?
Bin ich bereit für den Aufbruch?
Was gilt es zu verabschieden?
Wer darf mich begleiten?
Was packe ich in meinen Koffer?
Was will ich auf die Reise in mein neues Leben mitnehmen, was zu-
    mindest erst einmal dalassen?

Innenreise

Ich entspanne mich, setze oder lege mich zu einer Traum-Reise, meinem Reise-Traum hin. Ich begebe mich auf eine Innenreise, lasse mich tragen von Gedanken, Bildern und Gefühlen.

Ich versuche es allein, wenn ich mit meiner Phantasie gut umgehen und wachträumen kann. Oder ich bitte einen vertrauten Menschen, mich zu begleiten. Ich teile ihm während meiner Innenreise meine aktuellen Reisebilder mit, gestatte ihm, kurze Fragen zu stellen, mich gegebenenfalls zum Weiterreisen aufzufordern und mir wieder in die Reisewirklichkeit zu verhelfen, wenn mich die Vernunft und die Zweifel verfolgen (die sollten doch zuhause bleiben!) oder ich nicht weiter weiß.

Ich bereite mich nicht vor. Ich wünsche mir vor Beginn nur, dass ich geführt und begleitet werde. Ich lasse mich abholen. Vielleicht erscheint mir ein Reisebegleiter: ein geliebter Mensch, ein sympathischer »Fremder«, ein Krafttier? Ich gehe mit, ohne Angst, lasse mich ent-führen. So ist das Leben. Ich lasse mitschreiben oder schreibe hinterher selbst auf, was auf der Traumreise geschehen ist.

Vorausschau

Begegnungen und Zeichen

Was habe ich heute geträumt?

Wie war das Wetter, die Stimmung, die Atmosphäre?

Was hat sich heute ereignet?

Wer oder was ist mir heute begegnet, an Situationen und Menschen, an Tieren und Pflanzen, in der Meditation?

Welche Zeichen wurden mir heute gezeigt?

Welche Hinweise und Zeichen habe ich bezüglich meiner Reise in das neue Leben bekommen?

Wo geht die Reise hin?

Habe ich Hinweise auf Lebensziele bekommen, die im nächsten Jahr erreichbar sind?

Bewusst gestalten
Was sind meine Visionen für den kommenden Oktober?
Welche Wachträume hatte ich heute?
Welche Erkenntnisse habe ich aus den Erfahrungen der letzten Rauhnächte gewonnen?
Was möchte ich nun endgültig hinter mir lassen und wohin möchte ich in und mit meinem Leben im kommenden Jahr reisen?

11. RAUHNACHT

31. Dezember - 1. Januar
(Sylvester und Neujahr)

November – Sich selbst neu erfühlen

Sich verwirrt zu fühlen, ist der Anfang des Wissens.
Khalil Gibran

Rückschau

Habe ich die dunkler werdenden Tage bewusst erlebt?
Gab es besondere Festtage?
Welche Menschen waren besonders wichtig?
Habe ich Reisen unternommen?
Was war besonders schön?
Wer hat mich unterstützt?
Was ist mir Gutes widerfahren?
Bei wem oder für was möchte ich mich bedanken?

Was habe ich »Unschönes« erlebt?

Habe ich Schicksalsschläge erlitten?

Gab es Streit, Auseinandersetzungen, Enttäuschungen?

Wem habe ich noch nicht verziehen?

Welche Situation aus dem vergangenen November, welche Erlebnisse
möchte ich jetzt bereinigen?

Tagesthema

Überlegungen

Ist mir wohl bei allem, was mir in den Rauhnächten an Erkenntnissen, Gefühlen, Zielen und Beschlüssen gekommen ist? Ich gebe meinen Gefühlen heute den Vortritt vor allem. Konnte ich Ängste und Zweifel ausräumen? Wächst die Freude, erleuchten erste Sonnenstrahlen (oder ein paar Raketenblitze) die noch dunklen Tage? Ich versuche meine Gefühle in Bildern zu beschreiben. Ich fülle mich mit mir selbst aus. Ich fühle mich in das hinein, was ich jetzt sein will – und bin es.

Das Ende eines alten Jahres und der Beginn eines neuen Jahres sind Anlass für eine freudige Feier. Ich gebe mich heute dieser Feier und der Lebensfreude bewusst hin, mit einem guten Essen, Tanz, Musik und Leichtigkeit. Ein Neuanfang hat doch immer etwas Aufregendes, Prickelndes und darf auch gerne mit einem solchen Tropfen begossen werden. Mit lautem Knall verabschiede ich alles, was ich hinter mir lassen will. Ich entzünde selbst ein Feuerwerk, das die Dunkelheit schon einmal mit traumhaftem Lichterglanz erleuchtet.

Vorausschau

Begegnungen und Zeichen
Was habe ich heute geträumt?
Wie war das Wetter, die Stimmung, die Atmosphäre?
Was hat sich heute ereignet?
Wer oder was ist mir heute begegnet, an Situationen und Menschen,
   an Tieren und Pflanzen, in der Meditation?
Welche Zeichen wurden mir heute gezeigt?
Welche Hinweise und Zeichen habe ich in Bezug auf das kommende
   Jahr und auf meine Gefühle bekommen?

Bewusst gestalten
Was sind meine Visionen für den kommenden November?
Welche Wachträume hatte ich heute?
Was visualisiere ich für das kommende Jahr?

12. RAUHNACHT

1. Januar - 2. Januar

Dezember – Kreatives Schöpfen üben

Ein jeder trägt eine produktive Einzigkeit in sich als den Kern seines Wesens;
und wenn er sich dieser Einzigkeit bewusst wird, erscheint um ihn ein fremdartiger Glanz, der des Ungewöhnlichen.

FRIEDRICH NIETZSCHE

Rückschau

Habe ich die Adventszeit, die Weihnachtsfeiertage und die Rauhnächte
  bewusst erlebt?
Gab es andere, besondere Festtage?
Welche Menschen waren besonders wichtig?
Habe ich Reisen unternommen?
Was war besonders schön?
Wer hat mich unterstützt?
Was ist mir Gutes widerfahren?
Bei wem oder für was möchte ich mich bedanken?

Was habe ich »Unschönes« erlebt?

Habe ich Schicksalsschläge erlitten?

Gab es Streit, Auseinandersetzungen, Enttäuschungen?

Wem habe ich noch nicht verziehen?

Welche Situation aus dem vergangenen Dezember, welche Erlebnisse möchte ich jetzt bereinigen?

Wo habe ich kreativ im Dreischritt (Gedanke, Wort, Tat) aus der Kraft meines Herzens geschöpft?

Wo bin ich auf halber Strecke bei Gedanken und Worten stehengeblieben, ohne Taten folgen zu lassen?

Tagesthema

Selbst-Vergewisserung

Ich fasse meine Herzenswünsche, meinen Plan noch einmal prägnant zusammen. So, als wollte ich mein Vorhaben anderen Menschen in einem Kurzreferat vortragen und ihnen die Gewissheit vermitteln, dass ich das »bin«, was ich vortrage. Ich schreibe kurze, prägnante Zielformulierungen und Sätze, erstelle eine »Mindmap«, eine Zeichnung, ein Bild, eine Collage. Ich lasse meiner Phantasie freien Lauf, ohne das Ziel – Klarheit, Wahrheit, Prägnanz – aus den Augen zu verlieren. Wenn ich selbst hinter mir und meinen Plänen stehe, kann ich das. Das Ergebnis muss nur mich selbst, meinen schlimmsten Kritiker und größten Liebhaber zugleich, überzeugen. Es geht um *mein* Leben, das einzigartig ist.

Zweifel ausräumen

Wo habe ich es schon erlebt, dass meine Wünsche »auf fruchtbaren Boden« fielen? Wo habe ich erlebt, dass sich Wüsche oder »Bestellungen« kraft meines Herzens und kraft meiner Gedanken, meines Glaubens und Vertrauens, kraft meiner Selbstgewissheit erfüllt haben? An welche schönen Erlebnisse kann ich anknüpfen, um mir selbst Mut zu machen und für das Neue Kraft zu holen? Ich notiere einige solcher Situationen und mache sie mir bewusst, verinnerliche sie.

Vorausschau

Begegnungen und Zeichen

Was habe ich heute geträumt?

Wie war das Wetter, die Stimmung, die Atmosphäre?

Was hat sich heute ereignet?

Wer oder was ist mir heute begegnet, an Situationen und Menschen, an Tieren und Pflanzen, in der Meditation?

Welche Zeichen wurden mir heute gezeigt?

Welche Hinweise und Zeichen habe ich in Bezug auf kreatives Schöpfen für das nächste Jahr bekommen?

Bewusst gestalten

Was sind meine Visionen für den kommenden Dezember?

Welche Wachträume hatte ich heute?

Wo möchte ich kreativ schöpfen, im nächsten Jahr, welche Bereiche sind mir besonders wichtig?

RÜCKKEHR IN DEN ALLTAG

2./3. Januar

Das Leben bewältigen und genießen

Sieh dir auch am Vorabend des Neubeginns noch einmal in Ruhe
deine Aufzeichnungen an:

Wenn du in deiner Mitte bist, wird dir viel gelingen – sicherlich
nicht immer alles. Sei darauf gefasst, dass es auch Rückschläge geben
kann, dass nicht alles gleich gelingt. Und öffne in deinen Plänen dem
Schicksal Spielräume. Nicht alles musst und kannst du regeln. Also
versuche es gar nicht erst und sei gespannt auf das, was dir begegnet.
Wie anders solltest du sonst angenehm überrascht werden können?

Fragen

Was will ich in diesem Jahr ändern in Bezug auf mein Verhalten zu
anderen Menschen in der Familie oder am Arbeitsplatz?

Welche Ziele verfolge ich in diesem Jahr hinsichtlich meiner eigenen
Entwicklung?

Wie wollte ich im Januar einsteigen?

Was will ich jetzt erledigen, was beginnen?

Welche Hindernisse gilt es auf dem Weg dahin zu überwinden?

Welche materiellen Herausforderungen gibt es?

Wie könnten die Menschen auf meinen Wandel reagieren?

Affirmationen

Ich bin darauf gefasst, dass mir im Alltag von Beginn an »Prüfungen« auferlegt sind, die mich in meinen Vorsätzen und meinem angestrebten Verhalten herausfordern.

Ich beschließe, mir dann Aus-Zeiten zu nehmen, Pausen – und seien sie noch so kurz –, in denen ich tief ein- und ausatme, mich entspanne, mich meiner selbst vergewissere, immer wieder zurückkehre zu meinen Zukunftsentwürfen, sie vergegenwärtige.

Über jeden erfolgreichen Schritt freue und lobe ich mich. Doch ich ärgere mich *nicht* und kritisiere mich *nicht* selbst, wenn etwas nicht gleich gelingt. Ich lerne, mir selbst zu verzeihen.

Ich bin offen für die Überraschungen, die das Leben mir bringt, für Menschen und Situationen, von denen ich lernen und lehren kann. Ich bin zum seelischen Wachstum bereit.

Ich lerne, Grenzen zu ziehen, zu erkennen und zu respektieren. Denjenigen, die mir »Lehren erteilen«, danke und verzeihe ich. Ebenso denen, deren Wege sich nun von dem meinen trennen.

Wir wünschen dir, dass du nun voller Zuversicht aufbrichst, den Weg in das neue Jahr beschreitest.

Ergänzend zum Buch ist ebenfalls im Neue Erde Verlag von uns *Rauhnächte – Die Meditationen* (ISBN 978-3-89060-678-1) erschienen.

Über Deine Rauhnacht-Erlebnisse kannst Du Dich in einer geschlossenen Facebook-Gruppe alljährlich mit uns und anderen austauschen: www.facebook.com/groups/rauhnaechte.zeit.fuer.mich/

Mehr über die Rauhnächte und andere spirituelle Themen findest Du auf unserem Autorenblog: www.lovelylifeblog.com

Hannover, im Januar 2014
Anne Stallkamp, Werner Hartung

Aufbruch

Längst schweigt
die Nachtigall,
bleichen die Gestirne.

Wenn der Sturm
sich legt,
hebt die Amsel
an zu ihrem Solo.

Leise beginnt der
Vogelwelt Kanon.
Immer gleich.

Doch jedem Tag
ein neuer Gesang.
Zuversicht, aus der
Du schöpfen mögest.

WERNER HARTUNG

Anne Stallkamp

geboren im Mai 1968 im Osnabrücker Land, ist gelernte Tischlerin und seit 1999 als diplomierte Innenarchitektin tätig. 2010 Ausbildung in Geistigem Heilen und Geomantie bei Werner Hartung und Gründung des Planungsbüros Anne Stallkamp Innenarchitektur. Seitdem verbindet sie ihre gestalterische Arbeit mit geomantischen Ansätzen, in der Entstörung und Energetisierung und der holistischen Planung und Gestaltung von Räumen und mit der spirituellen Begleitung und der energetischen Heilung von Menschen.

Gemeinsam mit Werner Hartung führt sie geomantische und heilerische Forschungen sowie Geomantie-, Heiler-Aus- und Fortbildungen durch, entwickelt und betreibt geomantische Astrologie. Sie ist Mutter eines erwachsenen Sohnes, Geomantin und Mitbegründerin der Gruppe für Geomantie. Sie ist Mitglied in der Architektenkammer Niedersachsen, seit 2012 auch in der Vertreterversammlung sowie Mitglied im BDIA. Anne Stallkamp ist, gemeinsam mit Werner Hartung, Autorin des im Neue Erde Verlag erschienenen Buches »Rauhnächte – Zeit für mich« und der Meditations-CD: »Rauhnächte – Die Meditationen«.
www.anne-stallkamp.de

Werner Hartung

geboren im Dezember 1954 an Werra, Fulda und Weser in Hannoversch Münden. Nach Studium und Promotion zum Dr. phil. war er in verschiedenen Funktionen in Kulturverwaltungen und im Naturschutz tätig, anschließend als Unternehmensberater sowie Lehrbeauftragter an mehreren Hochschulen, Honorarprofessor an der Universität Bremen. 2004 Beginn der beruflichen Ausübung des Geistigen Heilens, 2006 Gründung der Atlantis Heilerpraxis Hannover und des gleichnamigen Praxenverbundes.

Seit 2008 bildet er in Geistigem Heilen aus, seit 2010 in Geomantie, ab 2011 gemeinsam mit Anne Stallkamp. Zu seinen geomantischen Arbeitsschwerpunkten gehören – neben den Entstörungen von privaten Wohnungen, Gebäuden und Grundstücken – Projekte im gewerblichen Bereich und die geomantische Mitwirkung bei Planungen. In seiner Forschungsarbeit liegt der Schwerpunkt zurzeit in der Erprobung von Methoden energetisch betriebener Landwirtschaft, der Energielenkung und Maßnahmen der Erdheilung.

Werner Hartung ist Vater von zwei erwachsenen Kindern, Heiler, Geomant und Mitbegründer der Gruppe für Geomantie. Im Verlag Neue Erde erschienen die Bücher »Heilen mit den Kräften der Geistigen Welt« und, gemeinsam mit Anne Stallkamp, »Rauhnächte - Zeit für mich« sowie die Meditations-CD »Rauhnächte – Die Meditationen«.
www.atlantis-heilerpraxis.de

Kontakt zu beiden Autoren:
NEUE GEOMANTIE
Anne Stallkamp & Werner Hartung GbR
www.neue-geomantie.de | mail@neue-geomantie.de
https://www.facebook.com/groups/neuegeomantie/

Heilerischen, geomantischen und anderen schönen Themen widmen wir uns auf
unserem gemeinsamen Autorenblog www.lovelylifeblog.com

Anne Stallkamp, Werner Hartung
Rauhnächte –Zeit für mich
Die Meditationen
CD im MP3-Format, Laufzeit 115 Minuten
ISBN 978-3-89060-678-1

Diese CD enthält zu jedem Thema einer jeden Rauhnacht eine meditative Einfüh-
rung und eine dazu passende Meditation. Die CD kann allein oder ergänzend zu
diesem Buch angehört werden.

NEUE ERDE im Buchhandel

Sollte es Lieferschwierigkeiten bei den Büchern von NEUE ERDE geben,
lassen Sie immer im VLB (Verzeichnis lieferbarer Bücher) nachsehen, im
Internet unter **www.buchhandel.de**

Alle lieferbaren Titel des Verlags sind für den Buchhandel verfügbar.

Sie finden unsere Bücher auch auf unserer Homepage **www.neue-erde.de**
oder in unserem Gesamtverzeichnis, welches Sie gerne hier anfordern
können:

NEUE ERDE GmbH
Cecilienstr. 29 · 66111 Saarbrücken
info@neue-erde.de